AF415903

MENCIUS (孟子)

Discípulo de Confúcio

Por: Calixto López
Rosalía Rouco

(2022)

*"Os infortúnios, como a fortuna, só vêm
quando os procuramos pelas nossas acções.
Quando o Céu nos envia calamidades,
podemos superá-las; quando as trouxemos
sobre nós próprios, sucumbiremos a elas".*

*Mencius

PARTE I. MENCIUS (孟子)

Sobre as doutrinas de Mencius.

Mengke (孟軻), ou Mestre Meng, conhecido no mundo ocidental como Mencius (孟子), (372- 289 a. C.), é considerado, sem ninguém objectar ao contrário, como o melhor discípulo de Confúcio, apesar de não coincidirem no mesmo momento histórico, do qual estiveram separados cerca de 100 anos.

Embora Mencius não fosse discípulo de Confúcio, tudo sugere que ele recebeu treino em doutrinas de Confúcio através de discípulos ou seguidores de Zisi, neto de Confúcio, que foi um notável mestre confucionista e seguidor fiel das doutrinas do seu avô, Confúcio.

Ao longo da sua vida como filósofo, político e professor, Confúcio teve várias dezenas de discípulos, uns mais avançados que outros, uns mais firmes que outros, e também aqueles que se estabeleceram na vida pública, e embora não tenham renunciado, puseram de lado as ideias do mestre.

Quando ele morreu, longe do legado de Confúcio ter sido esquecido, um pleito de novos discípulos, já não directa ou indirectamente, recolheu e compilou as ideias de Confúcio num livro clássico que tem mantido a sua frescura ao longo dos séculos e que não é mais do que os chamados Analectos ou crónicas do Outono de Verão e que sob a forma de um diálogo com os seus discípulos resume a obra do mestre, sem que haja qualquer prova real de que tudo isto lhe é devido, ou que ele teve alguma coisa a ver com esta compilação.

A herança cultural de Confúcio foi retomada e expandida por sucessivas vagas de discípulos, mas no século IV a. C., o trabalho de Confúcio tinha sido retomado e expandido por sucessivas vagas de discípulos; mas com a chegada do século IV a. C., uma nova era conhecida como os Estados ou Reinos em Guerra devido às constantes lutas e confrontos dos Estados chineses para alcançar a hegemonia do país e subjugar os reinos mais fracos, a situação exigiu uma nova abordagem para expandir as ideias confucionistas aos novos tempos, bem como para enfrentar outras correntes filosóficas como o taoísmo e o maometanismo, entre outras, para destacar as mais importantes, e para abordar os problemas de um ponto de vista mais objectivo: e é aqui que um destes discípulos, Ment Yzi, ou Mencius, como este nome latinizado chegou até nós hoje, tomou a si a tarefa de actualizar e aprofundar o legado do seu mestre, e de o levar a níveis muito mais elevados.

O tempo de Confúcio tinha sido um tempo de relativa paz, mas agora a China estava a entrar numa época de guerra violenta e constante sobre territórios disputados, o que levou a níveis intensificados de exploração, fome, desigualdade e miséria, acompanhando estes infelizes acontecimentos, especialmente para os sectores sociais mais vulneráveis da população, dos quais os camponeses pobres constituíam o grosso.

As vidas dos homens sem recursos tinham pouco valor, assim como a linha vermelha ténue que separa a vida da morte; e alheios a esta ordem de coisas, príncipes, reis e governantes em geral, viveram uma vida agradável de luxo excessivo, rodeados de bem-estar, excesso de bens materiais, alheios à fome e às necessidades, e apenas preocupados em expandir os seus territórios e tornar-se mais ricos e mais poderosos através da guerra.

Claro que a guerra foi travada por homens, principalmente soldados que foram recrutados entre a população, e como estes eram geralmente homens jovens, as famílias ficaram sem ninguém que pudesse trabalhar nos campos, e a fome e a morte por desnutrição prevaleceram sobre a população. A maioria destes soldados não regressaram vivos das batalhas cruéis, ou no máximo feridos, mutilados e com perturbações mentais incluídas, o que os tornou também incapazes de realizar trabalho produtivo e contribuir para alimentar as crianças, as mulheres e os idosos.

Tudo isto foi observado por Mencius durante a sua infância, juventude e idade adulta, enquanto a sua mente preliterada foi treinada em doutrinas de Confúcio até se tornar o primeiro dos discípulos de Confúcio. Assim, seguindo o exemplo do seu mestre, numa idade madura embarcou numa missão como a que Confúcio tinha realizado um século antes e escolheu viajar para diferentes estados e colocar o seu talento ao serviço de certos governantes, esperando alcançar o bem-estar da população se estes reis, muitos deles príncipes apaixonados pela guerra, os ouvissem e pusessem em prática os seus conselhos, mas isto não acabou como o mestre desejava, e no final ele ficou, como Confúcio, desapontado com os governantes.

O que discutiu nos seus encontros com estes governantes, sob a forma de diálogos, foi recolhido, possivelmente pelos seus discípulos, no que é conhecido como o livro ou obras de Mencius, mas que eram considerados na antiguidade como o quarto livro clássico da doutrina confucionista, quando este assumiu o papel de ideologia, doutrina ou religião de estado, seja qual for o nome que lhe queira dar.

As andanças de Mencius por estes reinos, as suas tristezas e infortúnios, as suas desilusões e fracassos, bem como em alguns casos as suas realizações constituem o conteúdo do livro de Mencius, que inclui as suas doutrinas e abordagem a importantes questões de estado, tais como governo, desigualdades sociais, como aliviar as necessidades prementes da população, e o enorme problema da guerra que sangrou os reinos da época, e tornou a situação dos camponeses mais dolorosa. Sob estas lideranças, Mencius tornou-se um campeão da paz e um crítico intransigente da guerra, de modo que os condenou a todos, mesmo aqueles que pareciam justos.

Nunca ninguém se aprofundou tanto no problema da paz e da necessidade de condenar a guerra e a violência denunciando os horrores das acções de Castro como este discípulo de Confúcio o fez.

No que diz respeito ao ser humano, para Mencius, a consciência do homem não é uma entidade estática isolada da sociedade, ele é por natureza bom, e o seu comportamento irá variar de acordo com o ambiente em que vive. Se este ambiente for hostil, miséria, fome, calamidade, etc., é mais provável que siga uma conduta errada. Se estas circunstâncias mudarem, ou se receber instruções adequadas, pode regressar a um caminho virtuoso.

De acordo com as doutrinas de Mencius, diferentes tipos de sentimentos manifestam-se no ser humano que podem guiá-lo a desenvolver uma conduta virtuosa ou adequada, de acordo com as normas da sociedade, ou a tomar um caminho diferente, em resumo, esses sentimentos são:

O sentimento de compaixão
O sentimento de vergonha
O sentimento de respeito e modéstia
O sentimento de certo e errado

Bem desenvolvidos, estes sentimentos levam o indivíduo às virtudes da benevolência, retidão, civilidade e sabedoria.

De acordo com estes princípios, Mencius tentou inculcá-los nos governantes de diferentes estados ou reinos chineses da época, para que exercessem um governo justo para o bem dos cidadãos, que, há que dizê-lo, estavam sob um regime de extrema opressão e miséria, em virtude de impostos elevados, por vezes para a guerra, ou para satisfazer os sentimentos desordenados de riqueza destes governantes.

Este devia ser o dever dos governantes para com o seu povo, e se não o cumprissem, não estariam em posição de governar e assim executar o mandato do Céu sobre os homens, para que este mandato pudesse ser revogado, e mesmo, se tivessem cometido crimes contra o seu povo, poderiam mesmo ser executados. Uma questão nunca levantada na China nessa altura.

Nas obras de Mencius há numerosas anedotas sobre os seus encontros com diferentes monarcas que, de um papel subordinado, como ministro ou conselheiro, tenta influenciar no sentido de que eles perseguem estes fins, de modo que nas boas colheitas deixam um remanescente para quando chegam tempos maus, incluindo tempos de cheias (frequentes na China devido aos seus poderosos rios), eles têm recursos suficientes para satisfazer as necessidades das suas famílias, principalmente as mais necessitadas, incluindo crianças e idosos.

Esta acção do governante será recompensada no sentido de que o seu povo o recompensará com a sua gratidão e lealdade e o reino progredirá firme e felizmente.

Neste sentido, concebeu um sistema de distribuição de terras, uma espécie de comunismo primitivo, em que cada camponês teria um pedaço de terra para cultivar para satisfazer as suas necessidades e as da sua família, ao mesmo tempo que haveria uma área pertencente ao príncipe ou governante, na qual todos trabalhariam colectivamente, para que a relação de subordinação do povo aos seus governantes se mantivesse, e para que ele pudesse satisfazer as suas necessidades materiais, tendo o cuidado de governar devidamente e de transmitir justiça igual a todos.

Para Mencius, um príncipe que cumpria os seus deveres e compromissos com o povo era um governante justo e o seu reino nada tinha a temer dos seus adversários, nem dos ataques dos reinos vizinhos por mais poderosos que fossem, uma vez que todos os cidadãos se mobilizariam para o defender e ao país utilizando qualquer tipo de instrumento. Incluindo implementos agrícolas.

Desta forma, a população não seria dizimada pela guerra sangrenta, o número de habitantes cresceria, ninguém teria qualquer razão para emigrar e, pelo contrário, as pessoas viriam de todo o país para desfrutar do bom governo existente.

Um aspecto importante para Mencius é a instrução dos

cidadãos, por meio da qual é possível desenvolver nos homens hábitos e sentimentos de bondade e alcançar um comportamento justo e bondoso nos mesmos.

Assim, ao contrário do confucionismo tradicional, para Mencius, e não para os governantes, o papel principal é desempenhado pelos súbditos, que sustentam o governo, que se feito de forma justa é longo e duradouro, mas se feito injustamente, sem consideração pelos interesses do povo, é perecível e os governantes estão destinados a cair e a perecer com o seu reino, ou a ser forçados a sair do poder, mesmo por armas e violência, se necessário.

Os discursos e frases de Mencius constituem o que é conhecido como o quarto livro do Confucionismo, tal como compilado pelo filósofo Zhu Xi durante a dinastia Song, sendo os três primeiros o "Ta Hio" ou "Grande Estudo", "Chung Yung" ou "Doutrina do Meio" e o "Lun Yu" ou "Ananlectas" atribuído a Confúcio.

Existem diferenças notáveis entre os Analistas, o principal manual do Confucionismo clássico, e os Mengtzi, uma vez que no primeiro, os diálogos, geralmente curtos, são com os seus discípulos, e no segundo são longos, claros e explícitos, e realizados com líderes de diferentes reinos ou com mestres confucionistas.

Os quatro clássicos do Confucionismo eram obrigatórios para os aspirantes a cargos públicos na China antiga, e isto permaneceu assim durante centenas de anos, bem no século XIX.

À semelhança de Confúcio, mas num plano inferior, Mencius é considerado um dos grandes sábios, políticos e filósofos da China antiga.

As condições em que Mencius exerceu o seu trabalho doutrinário foram extremamente difíceis, estando localizado no período conhecido como os "Reinos em Guerra", que durou de aproximadamente 400 a 222 a.C., correspondendo ao tempo em que os chineses estavam nos seus primeiros anos de vida. Isto correspondeu ao tempo em que o grande imperador e reino do poderoso estado de Qin, Qin Chi Huang, completou a unificação da China sob um vasto império, mas submerso num regime de terror e morte, de modo que a sua dinastia foi prolongada por um curto período de tempo.

Na época da vida de Mencius, à China faltava um estado centralizado como a dinastia Zhow, iniciada pelo duque do mesmo nome, que perdurou na China durante séculos. Na época deste filósofo nada restava desta era dourada da China, em que as artes e a filosofia floresceram e se desenvolveram, e que tinha produzido figuras notáveis como Confúcio e Lao Tse, para citar apenas algumas, a primeira o criador do Confucionismo como doutrina social progressista e a segunda com o Maoísmo que procurava a abordagem humana do homem à natureza, ambas fielmente reflectidas nos Analistas e no Tao Te Ching, respectivamente.

No meio de tantas guerras e invasões levadas a cabo entre pequenos estados uns contra os outros, Mencius propagou ideais de paz e bondade que tentou incutir nos seus discípulos, na população e nos governantes, com base em princípios morais sólidos.

Fiel observador dos acontecimentos da época, Mencius apercebeu-se de que as guerras não conduziam a nada de bom para a China, e uma vez terminada uma guerra, a epifania dos vencedores da rapina levou-os a iniciar novos conflitos, e assim por diante, sem vendedores claros até então, mas os campos manchados de sangue e inundados com as lágrimas e o sofrimento do povo.

Nada justificava estas guerras, pois os antigos e ilustres governantes da China, por vezes vistos como semideuses, acreditavam que a dimensão de um reino não determinava a sua estabilidade e prosperidade, mas as boas acções dos seus governantes, mesmo os pequenos reinos podiam crescer à custa dos grandes desde que os seus cidadãos fossem felizes sob um bom governo, atraindo assim homens de reinos vizinhos, que os fariam crescer e prosperar, enquanto aqueles que possuíam reinos cruéis com os seus cidadãos sujeitos a grande exploração eram forçados a fugir e emigrar para outros reinos com governos benevolentes.

Como Mencius precisa de convencer os reis do exemplo dos antigos governantes que exerciam um governo justo face a toda a adversidade, ele conta com os antigos, voltando, como Confúcio, o seu olhar para a antiguidade para tentar, através do exemplo destes monarcas, impressionar os seus interlocutores com a importância de seguir a sua conduta a fim de exercer um bom governo.

Mencius luta arduamente para incutir nos homens o papel do exemplo e não para culpar os seus males apenas aos outros, mas antes para olhar para dentro de si próprios para ver se agiram bem e consequentemente com os outros, seguindo o velho preceito do seu mestre Confúcio para não fazer aos outros o que não quer que eles lhe façam a si.

Neste sentido, Mencius considera vários cenários, tais como se os esforços feitos para melhorar a atitude das pessoas não forem reconhecidos, é preciso primeiro olhar para dentro para determinar se as acções foram suficientes para alcançar estes objectivos, também se as palavras e ensinamentos não são assimilados pelo sujeito receptor, depois se foi utilizada a sabedoria certa, e finalmente, se a bondade que se quer transmitir não é apreciada, avaliar se se foi totalmente sincero nas acções. Por outras palavras, para culpar os outros pelas suas acções, é conveniente avaliar se as nossas acções foram apropriadas com essa pessoa, e se fomos suficientemente apropriados para obter uma resposta positiva da sua parte, e não uma agressão, ou para suportar respostas desagradáveis e comportamentos inadequados da sua parte.

Além disso, Mencius postula que a riqueza pessoal dos indivíduos não significa nada, mas a sua riqueza moral com a qual poderiam ser satisfeitos, tal como expressa por pessoas com um elevado sentido de moralidade e ética:

"Ao olhar para cima, não tem motivos para se envergonhar perante o céu, e ao olhar para baixo, não tem motivos para corar perante os homens".

É necessária uma grande resistência para não sucumbir às tentações das riquezas e confortos materiais, por isso é importante voltar à natureza das coisas e aos sentimentos elementares interiores de bondade e humanismo. Escusado será dizer que isto foi como procurar água no deserto, e poucos estavam em posição de seguir esta doutrina, especialmente numa altura da história em que os reinos lutavam entre si para expandir os seus territórios e adquirir mais riqueza. No entanto, era coerente com este discurso, mesmo que os ouvidos não estivessem receptivos.

Uma grande parte do livro de Mencius centra-se nos diálogos com os governantes que serviu e tentou servir, que tiraram o que lhes convinha da sua doutrina, bem como o renome e a fama alcançados pelo sábio, para levar a cabo os seus planos expansionistas e manter a população calma, ou embalada para dormir, enquanto eram levados à morte nos campos de batalha.

Mencius, cansado de vaguear por diferentes estados sem alcançar os seus objectivos, retirou-se um dia para continuar os seus ensinamentos entre os seus discípulos que, após a morte do velho mestre, estavam ocupados em concluir a obra escrita por ele iniciada, embora alguns pensem que toda a obra foi recolhida e escrita pelos seus discípulos, mas isto não é o importante, mas sim o seu conteúdo atribuído a ele, o mestre Meng, o melhor discípulo de Confúcio.

Se podemos catalogar o axioma principal ou princípio dos ensinamentos de Mencius, é sem dúvida o seu conceito da bondade da natureza humana, por outras palavras, o homem é bom pela sua natureza e se a sua conduta se desviar não é por causa disso, mas porque as circunstâncias em que se desenvolve o conduzem por outro caminho.

Tal como Confúcio, Mencius perdeu o seu pai ainda jovem, com cerca de três anos, pelo que o papel da sua mãe foi essencial para a sua formação, tal como aconteceu com o seu professor, os esforços no sentido de lhe dar uma educação sólida no meio de múltiplas vicissitudes, colocar a mãe do sábio como modelo a seguir pelas mães chinesas, e um exemplo inigualável de amor materno filial.

A obra humana de Mencius choca violentamente com a ânsia de poder e riqueza dos governantes dos reinos da época, que estavam envolvidos em guerras sem sentido no meio do caos e da anarquia daqueles tempos, onde o valor da vida humana é insignificante, para que uma pessoa possa ser sacrificada sem o menor escrúpulo se isso servir as ambições pessoais daqueles que detêm o governo.

Mencius tinha a certeza de que se o governante não satisfizesse as necessidades materiais e humanas da população, o Estado sucumbiria ao caos, porque para manter a bondade humana inata com que se nasce e que os homens não escolhem o caminho do mal, devem ter meios e recursos suficientes para se alimentarem e encontrarem bons exemplos entre os seus concidadãos, e sobretudo no governante que deve impor impostos baixos, facilitar o comércio e a liberdade de circulação dos cidadãos, cuidando antes de mais dos mais vulneráveis: Crianças, mulheres e idosos, tentando estabelecer uma distribuição equitativa dos recursos e permitindo o acesso à instrução com sábios e estudiosos justos, muito afastados da ambição de riqueza.

Nas palavras de Mencius: O povo é o elemento mais importante de uma nação; os espíritos da terra e o grão vêm a seguir; o soberano conta pelo menos", definindo-se assim abertamente como significando que o povo é mais importante do que o governante. um assunto não agradável para os governantes chineses dos reinos pelos quais viajou e que certamente lhe valeu a animosidade destes e dos funcionários que os serviram preocupados apenas com o seu bem-estar pessoal e não com o do seu povo.

Mencius e Confúcio foram figuras dramáticas na história, no sentido em que não conseguiram alcançar os objectivos básicos que tinham estabelecido para as suas vidas, o primeiro no sentido de ajudar a trazer a China de volta aos cânones e esplendor dos antigos, e o segundo no sentido de alcançar a felicidade e bem-estar do povo sob bons governos, no entanto, a história vê-os de forma diferente, A história considera-os de outra forma, como as mentes mais iluminadas dos tempos turbulentos da evolução histórica da China, e co-responsáveis pelas realizações deste povo e de muitos outros no mundo, que, conhecendo ou não as obras destes grandes homens, lutam pelos seus próprios ideais e pelo bem-estar de todos os seres humanos.

Em forma de introdução.

As fontes mais fiáveis sobre o estudo da vida e obra de Confúcio, consideram que ao longo do seu magistério teve mais de 70 discípulos, contudo, o mais famoso de todos; Meng Tse, Mencius latinizado, não gozou dos ensinamentos do seu mestre durante a sua vida, uma vez que viveu mais de 100 anos após a morte do ilustre filósofo, mas por que se intitula seu discípulo e o que fez para alcançar tal relevância? E com o maior respeito pelo famoso mestre, como se mostra no parágrafo final do seu livro:

"Desde Confúcio até agora, apenas decorreram pouco mais de 100 anos. A distância no tempo desde o sábio até aos dias de hoje está longe de ser remota, e por isso estamos tão perto da antiga residência do mestre. Nestas circunstâncias, não há ninguém para transmitir as suas doutrinas? Sim, não há ninguém para o fazer".

E a resposta do sábio foi aderir completamente à sua doutrina, e mais do que isso, desenvolvê-la, expandi-la e actualizá-la para as condições históricas da época em que viveu, pois enquanto Confúcio viveu no período histórico conhecido como "Primavera e Outono", Mencius viveu no período conhecido como "Os Reinos em Guerra", em que os senhores da guerra viviam numa atmosfera de caos, guerras, banditismo e outras acções militares em que as classes oprimidas eram as mais afectadas, enquanto os governantes, príncipes e reis dos muitos estados em que o outrora importante estado de Zhow tinha sido dividido, olhavam com indolência, ou se uniam e participavam nos frequentes confrontos bélicos.

Enquanto no tempo de Confúcio os reis eram considerados intocáveis e imutáveis no cargo de acordo com o mandato do Céu, para Mencius isto não podia ser assim, e por isso promulgou que embora a nomeação dos governantes fosse uma decisão exclusiva do Céu (Deus), a sua manutenção no poder deve-se ao seu bom desempenho no governo em benefício do povo, E mais, tal como os soberanos podiam condenar à morte aqueles cujos crimes eram de tal magnitude que mereciam tal pena, também os reis que cometeram crimes e ultrajes contra o seu povo podiam, para além de serem derrubados, ser condenados a tal pena.

Nenhum filósofo ou político tinha tido tal coragem em questionar a conduta dos governantes e a sua estabilidade como governantes, o que se devia não a assuntos divinos, mas ao cumprimento da sua missão e dos deveres do cargo para com os seus súbditos.

O facto de um governante derrubado ou derrotado ter sido julgado e condenado pelos seus actos é algo que sempre incomodou os monarcas de todos os tempos, mesmo o rei de Espanha na altura da conquista da América mostrou o seu desconforto quando Francisco Pizarro executou Atahualpa, considerando-o como o imperador dos Incas, apesar de ser claramente seu inimigo. Em todas as guerras, os monarcas derrotados têm sido tratados com benevolência, ao contrário dos povos que sofreram todo o tipo de castigos e humilhações.

Um avanço substancial no Confucionismo clássico dado por Mencius foi afirmar de forma absoluta que: "Todos os homens são bons por natureza", além de argumentar com a tese de que todos os homens à nascença são bons e que se mais tarde se desviarem da sua conduta isso se deve às circunstâncias e ao ambiente em que vivem, sendo mais propensos a desviar a sua conduta para o mal aqueles que carecem de comida, vestuário, abrigo e abrigo, ou seja, aqueles que se encontram na pobreza pertencentes às classes sociais mais desfavorecidas.

Esta dialéctica da transformação do comportamento das pessoas de acordo com as condições de vida baseia-se no facto de que para Mencius a bondade e outras qualidades humanas são algo inato que nasce com o indivíduo, de modo que para ele existem quatro virtudes ou disposições inatas que são: benevolência, rectidão, sabedoria e correcção, que, indistintamente, estão relacionadas com uma certa qualidade ou atitude emocional, de modo que o sentimento de compaixão está associado à benevolência, o de rectidão, com justiça, o de aprovação e desaprovação, com sabedoria, e o de respeito com correcção. Dentro destes quatro elementos, Mencius dedica a maior atenção, como o mais importante para ele, à benevolência e à justiça.

Em relação aos frequentes confrontos bélicos que ocorreram na altura, Mencius estabelece um postulado ousado e muito avançado para esses tempos, afirmando categoricamente que não há distinção entre guerras justas e injustas e que, em última análise, todas são injustas porque conduzem ao empobrecimento e ao sofrimento do povo, questão ainda hoje é contestada por muitos estadistas, que ainda justificam qualquer confronto com esta distinção entre justo e injusto.

Para Mencius não há razão para que dois estados se confrontem, uma vez que nenhum deles alcançará os seus objectivos, algo como o conceito tradicional de que as únicas guerras que são ganhas são aquelas que não são travadas, ou seja, aquelas em que não se participa. No entanto, neste ponto há alguma controvérsia entre o que o sábio promulgou e como teve de agir num conflito do estado de Qi contra o fraco estado de Yan, sendo um conselheiro do monarca, embora alguns argumentem em sua defesa que o pequeno estado foi sujeito a uma tirania cruel, e que a incursão do exército de Qi foi apenas no sentido de estabelecer um regime mais justo para a população, mas a realidade era que as tropas deste massacrado e roubado a população e o príncipe triunfante anexou o pequeno estado derrotado.

Talvez o homem sábio se tenha iludido, as coisas descontrolaram-se, os factos não foram os descritos, ou a sua participação foi irrelevante. O que é certo é que, de acordo com as crónicas, a partir desse momento ele renunciou ao seu alto cargo, perdeu a confiança no monarca, e deixou o Estado de Qi.

Dadas as suas posições sobre a bondade humana e a injusta tributação dos governantes sobre os camponeses, Mencius concebeu um sistema de cultivo comunitário, que incluía a divisão da terra numa praça de nove partes, ocupando cada família camponesa e cultivando uma dessas partes, enquanto a parte central, tendida por todos, era atribuída ao governante, para que não tivessem de pagar outros impostos.

Escusado será dizer que o sistema era impraticável, uma vez que nenhum monarca estava disposto a desistir da sua política fiscal, da qual obtinha lucros suculentos. No entanto, esta intenção pode ser vista como uma forma de socialização utópica, que estava cerca de dois mil anos à frente dos postulados dos socialistas utópicos do início do século XIX, Robert Owen, Henrique de Saint Simon e Charles Fourier, entre outros, e também de algumas características do sistema comunitarista maoísta aplicado nos primeiros anos da República Popular da China.

Dizer que Mencius ultrapassou o mestre, Confúcio, seria um tanto injusto, uma vez que é difícil para os seguidores ultrapassarem os iniciadores de um sistema ou doutrina, pelo que o Confucionismo se deve principalmente a Confúcio, mas é inegável que as contribuições de Mencius deram um grande impulso a esta doutrina e às correntes posteriores, tais como o Neoconfucionismo, que foram tão relevantes especialmente nas dinastias Tang (618-907) e Song (960-1279).

Uma semelhança latente entre os famosos "Analistas" de Confúcio, a principal obra desta doutrina, e "O Mencius" é que ambas as obras são consideradas como tendo sido compiladas e divulgadas pelos seus discípulos em tempos após a morte de ambos os sábios, que foram perseguidos durante a fatídica e curta dinastia Qin (221-206 a. C.) Foram perseguidos durante a fatídica e curta dinastia Qin (221-206 a.C.), que unificou a China, e após o seu derrube e suplantamento pela dinastia Han (206 a.C.-220 a.C.), levantaram-se das cinzas como doutrinas de estado, embora naturalmente sob o termo "Confucianismo".

A importância do "Mencius" como livro pode ser vista pelo facto de ser considerado um dos quatro livros clássicos (o quarto) do Confucionismo e que durante as dinastias acima mencionadas foi incluído entre os textos necessários para a preparação de cargos competitivos na função pública na China Imperial.

De acordo com fontes históricas, Mencius viveu de 400 a 300 a. C. e a sua vida, como a de Confúcio, foi marcada pela tragédia, no sentido em que ambos morreram considerando que não tinham alcançado os seus objectivos, e que não seriam recordados na história, algo completamente falso, pois são considerados as duas figuras principais do Confucionismo, embora Confúcio em primeiro plano, como é de esperar, pois ele foi o seu criador, cuja doutrina ultrapassou de longe a barreira do tempo e hoje é seguida por milhões de pessoas em todo o mundo, principalmente em países asiáticos, e, claro, na China.

Sobre a versão de Mencius incluída nesta obra.

"Mencius" ou "O Mencius" que publicamos corresponde à nossa tradução para espanhol da versão inglesa traduzida do chinês, e publicada em 1895 pelo proeminente sinólogo e missionário inglês do século XIX James Legge, considerado um dos principais estudiosos e estudiosos dos clássicos chineses de todos os tempos, e cuja versão dos Analectos de Confúcio publicámos nos últimos anos.

O Professor Legge, nascido na Escócia em 1815, dedicou toda a sua vida à tradução e divulgação de numerosos textos clássicos chineses, uma obra que combinou com a de um missionário evangélico protestante, principalmente em Hong Kong, e mais tarde como professor e conferencista de chinês na Universidade de Oxford, sendo também membro da London Missionary Society.

A tradução em português desta obra foi feita pelo próprio editor, e esperamos que os leitores considerem quaisquer erros ou anomalias encontradas no texto como sua própria responsabilidade, tendo ainda em conta que o trabalho humano de tradução foi combinado com o dos meios digitais, embora, em caso de dúvida, tenha sido feita frequentemente referência a alguns dos textos de outras autoridades sobre o assunto.

Se há algum mérito na obra que apresentamos, isso deve-se aos próprios autores antigos, aos seus discípulos, bem como ao trabalho cuidadoso e meritório do Prof. Legge em traduzir do chinês para o inglês, mantendo a frescura e a originalidade do seu conteúdo.

Sentenças de Mencius.

Quando são travadas guerras para conquistar novos territórios, os campos serão cobertos com os corpos das vítimas.

Quando com um coração compassivo se pratica uma política igualmente compassiva, o governo do mundo é tão fácil como virar algo na palma da mão.

O céu governa os acontecimentos do mundo invisíveis; esta acção oculta do céu é o que se chama destino.

O homem nobre conserva ao longo da sua vida a ingenuidade e a inocência da infância.

O homem tem mil planos para si próprio. O acaso tem apenas um para cada um.

O maior defeito dos homens é estarem preocupados em arrancar ervas daninhas dos campos de outros homens, negligenciando o cultivo dos seus próprios campos.

O superior deve honrar e respeitar a sabedoria dos seus súbditos, e o inferior deve ser respeitoso e cortês para com os seus superiores, tendo em conta a dignidade que possuem; respeitar a dignidade e honrar os sábios são duas manifestações de um único e mesmo dever.

O mundo é fundado em Estados, Estados em famílias e famílias em indivíduos.

O soberano inteligente organiza a produção dos seus súbditos para que possam apoiar o seu pai e a sua mãe, os seus filhos e as suas esposas, para que em anos bons possam comer à vontade, e em anos maus não passem fome. Uma vez que isto seja conseguido, ele irá conduzi-los à prática do bem, e as pessoas irão segui-lo.

O homem deve decidir o que não deve fazer; então poderá

dedicar-se com vigor ao que deve ser feito.

O sentimento de compaixão está na base do amor de vizinhança. O sentimento de vergonha e desagrado está na base da rectidão. O sentimento de gratidão e modéstia está na base da correcção e os sentimentos de aprovação e desaprovação estão na base da sabedoria.

Aquele que ama os outros é constantemente amado por eles. Aquele que respeita os outros é constantemente respeitado por eles.

O hábil carpinteiro não se torna desajeitado para ser imitado por qualquer um dos seus ajudantes.

É necessário que os homens conheçam o mal para o poderem evitar e para se dedicarem à prática do bem.

Há homens que têm a reputação de serem grandes criadores porque nunca ninguém refutou os seus argumentos frágeis. Uma das principais falhas dos homens é que procuram estabelecer-se como modelos para os outros.

As palavras em si mesmas são inofensivas, mas as suas consequências podem ser desastrosas se forem depreciativas.

O infortúnio, tal como a fortuna, só surge quando o procuramos através das nossas acções. Quando o Céu nos envia calamidades, podemos vencê-las; quando as trouxermos sobre nós próprios, sucumbiremos a elas.

O que fazes pertence-te; eu sou apenas responsável pelas minhas próprias acções.

Dificuldades e privações aguçam a inteligência e reforçam a prudência.

A melhor defesa de um reino consiste na vontade determinada dos seus habitantes, que é conquistada por um governo humano e justo.

Sabedoria e prudência de nada servem a menos que se apresente uma ocasião propícia; os bons arados sozinhos nada podem fazer a menos que se apresente uma estação favorável.

O que os governantes fazem é então imitado pelo povo. Não se pode, portanto, acusar agora o povo do seu curso, nem condená-lo por isso, pois imitaram o que tinham aprendido com o seu príncipe; devolveram o que lhes tinha sido dado.

Os caminhos dos sábios são elevados e inacessíveis. Os seus feitos podem ser admirados, mas não imitados.

Os bens seguros na mão levam à paz na mão dos sábios.

As melhores palavras são aquelas que têm um profundo significado e, ao mesmo tempo, são compreensíveis para todos.

O mais importante é o povo; o Estado é menos; e o soberano ainda menos.

Os antigos cultivavam a sua nobreza celestial, e a nobreza terrena vinha até eles como um bónus adicional.

Os homens de hoje cultivam a sua nobreza celestial para que lhes possa ser dada a sua nobreza terrestre, e, tendo obtido a segunda, esquecem-se da primeira. O seu desapontamento é grande porque no final também perderão a sua nobreza terrena.

A amizade é uma mente em dois corpos.

A sinceridade é o caminho para o céu.

Nada é mais digno de admiração num homem nobre do que saber aceitar e imitar as virtudes dos outros.

Ninguém deve comer sem o ter merecido.

A fim de que a verdadeira amizade possa ser estabelecida, é necessário dispensar a superioridade que a idade, as honras, as riquezas ou o poder podem conferir. O único motivo de amizade deve ser a busca das virtudes e a melhoria mútua.

Quem quer que exerça cargo público e não possa cumprir as suas funções deve demitir-se.

Se o governante não for apenas, mesmo que ordene que se faça justiça, não será obedecido.

Se o príncipe for justo, ninguém será injusto; se o príncipe for bondoso, ninguém será cruel.

Se os homens de cabelo grisalho puderem usar roupas de seda e comer carne, se os jovens de cabelo preto deixarem de sofrer fome e frio, a vida do reino será próspera. Não houve um único príncipe que, ao fazê-lo, tenha falhado em alcançar a autoridade sobre o seu povo.

Se o governante praticar um governo benevolente, o povo irá amá-lo mais do que qualquer outra coisa e morrerá pelos seus líderes.

Se amas as pessoas e elas são hostis para contigo, examina o teu amor. Se governar as pessoas e elas forem ingovernáveis, examine a sua sabedoria. Se for cortês e eles não retribuírem, examine a sua cortesia. Se o que se faz é em vão, procure sempre dentro de si mesmo e encontrará a resposta.

Se o ganho ou o lucro vierem antes da justiça, os súbditos nunca serão satisfeitos e o príncipe estará em perigo constante.

*Um grande homem é aquele que não perdeu o seu
coração de criança.*

I N D I C E

PARTE I. MENCIUS

- **Sobre as doutrinas de Mencius.** .... Pag. 003

- **Em forma da Introdução** .... Pag. 014

- **Sentenças de Mencius** .... Pag. 020

- **Tabela de Conteúdos** .... Pag. 024

PARTE II, MENCIUS, TRADUÇÃO EM PORTUGUÊS.

- **Livro 1. Rei Hûi de Liang** .... Pag. 026

- **Livro 2. Kung-sun Ch'au** .... Pag. 055

- **Livro 3. T'ang Wan Kung** .... Pag. 083

- **Livro 4. Li Lau** .... Pag. 109

- **Livro 5. Wan Chang** .... Pag. 137

- **Livro 6. Kâo Tsze** .... Pag. 163

- **Livro 7. Tsin Sin** .... Pag. 191

- **BIBLIOGRAFIA** .... Pag. 222

PARTE II. MENCIUS TRADUÇÃO EM PORTUGUÊS

DE ACORDO COM A TRADUÇÃO DE JAMES LEGGE DE CHINÊS PARA INGLÊS PUBLICADA EM 1895

O Mencius

Livro 1. Parte 1: Rei Hûi de Liang

Capítulo I.

1. Mencius foi ver o Rei Hûi de Liang.

2. O rei disse: 'Venerável senhor, já que não contou a distância para vir aqui, uma distância de mil mentiras, posso supor que lhe sejam fornecidos conselhos em benefício do meu reino?

3. Mencius respondeu: 'Por que razão deveria Vossa Majestade usar a palavra 'benefício'? O que me é proporcionado são conselhos de benevolência e justiça, e estes são os meus únicos súbditos.

4. "Se Sua Majestade disser: "O que deve ser feito para beneficiar o meu reino?" os grandes oficiais dirão: "O que deve ser feito para beneficiar as nossas famílias?" e os oficiais inferiores e o povo comum dirão: "O que deve ser feito para beneficiar as nossas pessoas?" Os superiores e os inferiores tentarão arrancar este benefício uns dos outros, e o reino estará em perigo. No reino de dez mil carruagens, o assassino do seu governante será o chefe de uma família de mil carruagens. No reino de mil carruagens, o assassino do seu príncipe será o chefe de uma família de uma centena de carruagens. Ter mil em dez mil, e cem em mil, não se pode dizer que não seja uma grande mesada, mas se a justiça for colocada em último lugar e ganhar primeiro, eles não ficarão satisfeitos sem levar tudo.

5. "Nunca houve um homem benevolente que negligenciasse os seus pais. Nunca houve um homem justo que fizesse da sua soberania uma consideração posterior.

6. "Que Vossa Majestade diga também: "Benevolência e justiça, e que estes sejam os vossos únicos súbditos". Porque deveria ele usar essa palavra -- "beneficência"?

Capítulo 2.

1. Mencius, outro dia, viu o rei Hûi de Liang. O rei foi e ficou com ele junto a um lago, e, olhando para os grandes gansos e veados, disse: 'Será que os sábios e bons príncipes também encontram prazer nestas coisas?

2. Mencius respondeu: "Sendo sábios e bons, eles têm prazer nestas coisas. Se não são sábios e bons, embora tenham estas coisas, não encontram prazer nelas.

3. "É dito no Livro de Poesia,

Mediu e começou a sua maravilhosa torre;
Ele mediu-o e planeou-o.
O povo veio ter com ele,
E, em menos de um dia, terminou-o.
Quando ele a mediu e começou, disse-lhes:
Não seja tão laborioso:
Mas as multidões vieram como se fossem seus filhos.
O rei estava no seu parque maravilhoso;
Os cervos estavam em repouso,
as cervas tão lustrosas e gordas:
E os pássaros brancos vieram brilhando.
O rei ficou ao pé da sua lagoa maravilhosa;
Como estava cheio de peixes saltadores!

O rei Wan usou a força do povo para fazer a sua torre e o seu tanque, e mesmo assim o povo regozijou-se por fazer o trabalho, chamando à torre "a torre maravilhosa", chamando ao tanque "o tanque maravilhoso", e regozijando-se por haver o seu grande veado, os seus peixes e tartarugas. Os antigos conseguiram que as pessoas tivessem prazer tão bem como elas próprias, e por isso podiam desfrutar.

4 "Na Declaração de T'ang diz-se: "Ó sol, quando expirará? Morreremos convosco. O povo desejava a morte de Chieh, embora devessem morrer com ele. Embora tivesse torres, lagoas, pássaros e animais, como poderia ele ter prazer sozinho?

Capítulo 3.

1. O rei Hûi de Liang disse: "Pequeno como é a minha virtude, no governo do meu reino, eu certamente exerço a minha mente ao máximo. Se o ano for mau no interior do rio, levarei o máximo de pessoas possível para o leste do rio e trarei cereais para a região interior. Quando o ano é mau a leste do rio, ajo de acordo com o mesmo plano. Ao examinar o governo dos reinos vizinhos, não encontro nenhum príncipe que exerça a sua mente como eu. E no entanto o povo dos reinos vizinhos não diminui, nem o meu povo aumenta. Como é isto?

2. Mencius respondeu: 'Vossa Majestade gosta da guerra; -- deixe-me tirar uma ilustração da guerra. -- Os soldados avançam ao som dos tambores; e depois de terem cruzado os braços, de um lado atiram os seus brasões de correio, arrastam os braços atrás deles, e correm. Alguns correm cem passos e param; outros correm cinquenta passos e param. O que pensaria se aqueles que correm cinquenta passos ridicularizassem aqueles que correm cem passos? O rei disse: "Eles não o devem fazer". Embora não tenham corrido cem passos, também fugiram". - 'Vossa Majestade sabe isto', respondeu Mencius, 'não se deve esperar que o vosso povo seja mais numeroso do que os dos reinos vizinhos.

3. "Se as estações de cultivo não forem interferidas, será produzido mais cereal do que aquele que pode ser comido. Se não permitir a utilização de redes fechadas a piscinas e lagos, os peixes e as tartarugas serão mais do que podem ser consumidos. Se machados e picareta entrarem nas colinas e florestas apenas no momento certo, a madeira será mais do que pode ser utilizada. Quando os cereais, os peixes e as tartarugas são mais do que se pode comer, e há mais madeira do que se pode utilizar, isto permite que o povo se alimente e chore pelos seus mortos, sem qualquer sentimento contra ninguém. Esta condição, em que as pessoas se alimentam e enterram os seus mortos sem qualquer sentimento contra ninguém, é o primeiro passo de um verdadeiro governo.

4. "Que sejam plantadas amoreiras à volta das casas com os

seus cinco mâu, e que as pessoas de cinquenta sejam revestidas de seda. Ao criar aves de capoeira, porcos e cães, não se deve descurar o seu tempo de criação, e as pessoas de setenta anos podem comer carne. Que o tempo próprio para o cultivo da quinta com os seus cem mâu não seja tirado, e que a família multifacetada aí sustentada não sofra de fome. Que se preste especial atenção à educação nas escolas, inculcando-as especialmente com deveres filiais e fraternais, e que não se vejam homens de cabelo grisalho nas estradas, carregando fardos nas costas ou na cabeça. Nunca aconteceu que o governante de um Estado, onde tais resultados foram vistos, - pessoas de setenta anos usando seda e comendo carne, e as pessoas de cabelos pretos que não sofriam de fome nem de frio, que não atingiram a dignidade real.

5. "Os seus cães e porcos comem a comida dos homens, e você não faz nenhum acordo restritivo. Há pessoas a passar fome nas estradas, e não lhes dás as provisões dos teus celeiros. Quando as pessoas morrem, diz-se: "Não é devido a mim, é devido ao ano". Como é que isto é diferente de esfaquear um homem e matá-lo, e depois dizer: "Não fui eu, foi a arma"? Que Vossa Majestade deixe de atribuir a culpa ao ano, e de imediato de toda a nação o povo virá ter consigo.

Capítulo 4.

1. O Rei Hûi de Liang disse: 'Desejo receber as vossas instruções em silêncio'.

2. Mencius respondeu: 'Há alguma diferença entre matar um homem com um pau ou com uma espada?' O rei disse: 'Não há diferença!

3 'Há alguma diferença entre fazê-lo com uma espada e com o estilo de governo? Não há diferença', foi a resposta.

4. Mencius disse então: "Na vossa cozinha há carne gorda; nos vossos estábulos há cavalos gordos. Mas o seu povo tem o aspecto de fome, e nas terras devastadas há quem tenha morrido de fome. Isto está a levar as bestas a devorar os homens.

5. "Os animais devoram-se uns aos outros, e os homens odeiam-nos por o fazerem. Quando um príncipe, sendo o pai do seu povo, administra o seu governo de modo a ser encarregado de conduzir bestas para devorar homens, onde está a sua relação paterna com o povo?

6. Chung-nî disse: 'Não foi o primeiro a fazer imagens de madeira para enterrar com os mortos sem posteridade? Então ele disse, porque aquele homem os concebeu à semelhança dos homens, e os utilizou para esse fim: o que se pensará daquele que mata à fome o seu povo até à morte?

Capítulo 5.

1. O rei Hûi de Liang disse: "Não havia na nação um estado mais forte do que Tsin, como vós, venerável senhor, sabeis. Mas desde que ele desceu até mim, no leste fomos derrotados por Ch'i, e depois o meu filho mais velho pereceu; no oeste perdemos setecentos lî de território para Ch'in; e no sul sofremos a desgraça nas mãos de Ch'û. Envergonhei os meus últimos antecessores, e desejo em nome deles aniquilá-lo de uma vez por todas. Que curso deve ser seguido para o conseguir"?

2. Mencius respondeu: "Com um território que é apenas uma centena de lî quadrados, é possível atingir a dignidade real.

3. "Se Vossa Majestade de facto dispensar um governo benevolente ao povo, sendo poupador no uso de castigos e multas, e tornando leves os impostos e taxas, fazendo com que os campos sejam profundamente arados, e as ervas daninhas neles sejam cuidadosamente tratadas, e os fortes, nos seus dias de lazer, a cultivar a piedade filial, respeito fraterno, sinceridade e veracidade, servindo assim, em casa, os seus pais e irmãos mais velhos, e, no estrangeiro, os seus anciãos e superiores, - então terão um povo que possa ser empregado, com paus que tenham preparado, para se oporem às fortes malhas e armas afiadas das tropas de Ch'in e Ch'û.

4. "Os governantes desses Estados roubam ao seu povo o seu tempo, de modo que não podem arar e lavrar os seus

campos, para apoiar os seus pais. Os seus pais sofrem de frio e fome. Irmãos, esposas e filhos são separados e espalhados pelo estrangeiro.

5. "Aqueles governantes, por assim dizer, conduzem o seu povo a laços, ou afogam-no. Sua Majestade irá castigá-los. Nesse caso, quem se oporá a Vossa Majestade?

6. "Segundo este é o ditado,-- "Os benevolentes não têm inimigo". Suplico a Vossa Majestade que não duvide do que eu digo.

Capítulo 6.

1. Mencius foi ver o Rei Hsiang de Liang.

2. Ao sair da entrevista, disse a algumas pessoas: 'Quando olhei para ele de longe, ele não parecia um soberano; quando me aproximei dele, não observei nada de venerável nele. Abruptamente ele perguntou-me: 'Como pode o reino ser estabelecido', eu respondi: 'Será estabelecido por estar unido sob um único domínio'.

3. "Quem será capaz de a unir assim?"

4. "Eu respondi: "Aquele que não tem prazer em matar homens pode assim uni-lo"

5. "'Quem lho pode dar?"

6. "Eu respondi: "Todo o povo da nação lho dará por unanimidade. Será que Vossa Majestade compreende o caminho do crescimento dos cereais? Durante o sétimo e oitavo meses, quando prevalece a seca, as plantas secam. Depois as nuvens juntam-se espessos nos céus, fazem cair torrentes de chuva, e o grão sobe como se fosse um rebento. Quando o faz, quem pode impedi-lo? Agora, entre os pastores de homens de toda a nação, não há um único, que não encontre prazer em matar homens. Se houvesse alguém que não tivesse prazer em matar homens, todo o povo da nação olharia para ele com o pescoço estendido. Assim sendo, as pessoas afluíam a ele, pois a água desce com

uma torrente que ninguém consegue reprimir".

Capítulo 7.

1. O rei Hsüan de Ch'î perguntou, dizendo: 'Podeis informar-me das transacções de Hwan de Ch'î e Wan de Tsin?

2. Mencius respondeu: "Nenhum dos discípulos de Chuncg-nî falou sobre os assuntos de Hwan e WAn, e por isso não foram transmitidos às gerações posteriores; o vosso servo não os ouviu. Se quiser que ele fale, que seja sobre o governo real.

3. O rei disse: 'Que virtude se deve ter para alcançar o domínio real?' Mencius respondeu: 'O amor e a protecção do povo; com isto não há poder que possa impedir um governante de o alcançar'.

4. O rei perguntou novamente: 'Será alguém como eu capaz de amar e proteger o povo?' Mencius respondeu: 'Sim. Como sabeis que sou competente para isso?' 'Ouvi o seguinte incidente de Hû Ho: - "O rei", disse ele, "estava sentado no topo do salão, quando um homem apareceu, conduzindo um boi ao longo da parte inferior do salão. O rei viu-o e perguntou-lhe: Para onde vai o boi? O homem respondeu: Vamos consagrar um sino com o seu sangue. O rei disse: Deixem-no ir. Não posso suportar a sua aparência assustada, como se fosse uma pessoa inocente a ir para o lugar da morte. O homem respondeu: Devemos então omitir a consagração do sino? O rei disse: Como é que isso pode ser omitido? Mudá-lo para uma ovelha. Não sei se este incidente realmente aconteceu.

5. O rei respondeu: 'Eu fiz,' e depois Mencius disse: 'O coração visto neste acto é suficiente para vos levar ao domínio real. Todos assumiram que Vossa Majestade tinha um rancor contra o animal, mas o vosso servo sabe com certeza que foi o facto de Vossa Majestade não poder suportar ver isto que vos obrigou a fazer o que fizestes.

6. O rei disse: "Tendes razão. No entanto, havia realmente

algo aparente que o povo condenava. Mas embora Chî seja um estado pequeno e estreito, como devo invejar um boi? De facto, foi porque não podia suportar a sua aparência assustada, como se fosse uma pessoa inocente a ir para o lugar da morte, que a troquei por uma ovelha".

7. Mencius continuou: 'Não deixes que Sua Majestade pense que é estranho que o povo pense que estais a desprezar o animal. Quando se troca um grande por um pequeno, como poderiam saber o verdadeiro motivo? Se o lamentou ser levado sem culpa para o lugar da morte, o que poderia escolher entre um boi e uma ovelha? O rei riu-se e disse: "O que é que eu realmente pensei neste assunto? Não guardei rancor da despesa e troquei-a por uma ovelha! Havia razões para o povo dizer que estava arrependido.

8. "Não há nada de errado no seu comentário", disse Mencius. A sua conduta foi um artifício de benevolência. Viu o boi, e não tinha visto as ovelhas. O homem superior é tão afectado pelos animais, que, tendo-os visto vivos, não suporta vê-los morrer; tendo ouvido os seus gritos de morte, não suporta comer a sua carne. Por conseguinte, afasta-se do seu matadouro e da sua sala de cozinha.

9. O rei ficou satisfeito, e disse: 'Diz-se no Livro da Poesia: "A mente dos outros, eu posso medir por reflexão"; - isto é verificado, meu Mestre, na descoberta do meu motivo. De facto, fi-lo, mas quando voltei os meus pensamentos para dentro e os examinei, não consegui descobrir a minha própria mente. Quando o senhor, Mestre, pronunciou estas palavras, os movimentos de compaixão começaram a operar na minha mente. Como é que este coração tem em si aquilo que é igual a um verdadeiro domínio?

10. Mencius respondeu: "Suponha que um homem fizesse esta declaração a Vossa Majestade: - 'A minha força é suficiente para levantar três mil gatinhos, mas não é suficiente para levantar uma pena; - a minha visão é suficientemente aguçada para examinar a ponta de um cabelo de Outono, mas não vejo um carrinho cheio de feixes de lenha;- "Aceitaria Vossa

Majestade o que ele disse? " 'Não', foi a resposta, sobre a qual Mencius prosseguiu, 'Agora aqui há bondade suficiente para chegar aos animais, e nenhum benefício se estende a partir daí às pessoas. Como é isto? É uma excepção a ser feita aqui? A verdade é que a caneta não é levantada, porque a força não é utilizada; o carrinho carregado com lenha não é visto, porque a vista não é utilizada; e as pessoas não são amadas e protegidas, porque a bondade não é utilizada. Portanto, que Vossa Majestade não exerce o domínio real, é porque não o faz, não porque não é capaz de o fazer".

11. O rei perguntou: "Como pode ser representada a diferença entre não fazer uma coisa e não a poder fazer? Mencius respondeu: "Ao tomar a montanha T'âi debaixo do braço e saltar sobre o mar do norte com ela, se disseres ao povo: "Não posso fazê-lo", esse é um caso real de não ser capaz. Numa questão como cortar um ramo de uma árvore por ordem de um superior, se dissermos às pessoas: "Não o posso fazer", não é um caso de não o fazer, não é um caso de não ser capaz de o fazer. Portanto, o facto de Vossa Majestade não exercer o domínio real não é um caso de tomar a montanha T'âi debaixo do braço e saltar sobre o mar do norte com ela. Vossa Majestade não está a exercer o domínio real é um caso como o do corte de um ramo de uma árvore.

12. Trata com a reverência devida à idade os anciãos da tua própria família, para que os anciãos das famílias dos outros possam ser tratados de forma semelhante; trata com a bondade devida à juventude a juventude da tua própria família, para que a juventude das famílias dos outros possam ser tratadas de forma semelhante: faze-o, e o reino pode virar-se na palma da tua mão. É dito no Livro de Poesia: "O seu exemplo afectou a sua esposa. Atingiu os seus irmãos, e a sua família de estado foi governada por ele". A linguagem mostra como o Rei Wan simplesmente tomou o seu coração bondoso e exercitou para com essas partes. Portanto, a realização da sua bondade por um príncipe será suficiente para alcançar o amor e a protecção de todos dentro dos quatro mares, e se ele não se aperceber disso, não será capaz de proteger a sua esposa e filhos. A forma como os antigos vieram a superar grandemente outros homens, não era outra

senão esta: simplesmente que eles sabiam bem como levar a cabo, levar a cabo aos outros, o que eles próprios faziam. Agora a sua bondade é suficiente para chegar aos animais, e nenhum benefício é alargado para chegar às pessoas - como é isto, e é uma excepção a ser feita aqui?

13. Ao pesar, sabemos quais são as coisas leves e quais são pesadas. Ao medir, sabemos quais são as coisas longas e quais são as curtas. As relações de todas as coisas podem assim ser determinadas, e é da maior importância estimar os movimentos da mente. Rezo a Vossa Majestade para que o meça.

14. 'Recolhes o teu equipamento de guerra, pões em perigo os teus soldados e oficiais, e excitas o ressentimento de outros príncipes; estas coisas causam-te prazer na tua mente?

15. O rei respondeu: 'Não. Como devo ter prazer com estas coisas? O meu objectivo neles é procurar o que muito desejo".

16. Mencius disse: 'Posso ouvir de vós o que tanto desejais?' O rei sorriu e não falou. Mencius prosseguiu: "És levado a desejá-lo, porque não tens comida rica e doce suficiente para a tua boca? Ou porque não tens roupa leve e quente suficiente para o teu corpo? Ou porque não tens objectos lindamente coloridos o suficiente para deleitar os teus olhos? Ou porque não tens vozes e tons suficientes para agradar aos teus ouvidos? Ou porque não tens tratadores e favoritos suficientes para apareceres perante ti e receberes as tuas ordens? Os vários oficiais de Vossa Majestade são suficientes para lhe fornecerem tais coisas. Como pode Vossa Majestade ser induzida a entreter tal desejo por causa deles? 'Não', disse o rei; 'o meu desejo não é por causa deles'. Mencius acrescentou: "Então que se saiba o que Vossa Majestade deseja muito. Deseja alargar os seus territórios, ter Ch'in e Ch'û à espera na sua corte, governar o Reino do Meio e atrair até si as tribos bárbaras que o rodeiam. Mas fazer o que se faz para procurar o que se deseja é como subir a uma árvore para procurar peixe'.

17. O rei disse: 'É assim tão mau?' 'É ainda pior', foi a resposta. "Se subir a uma árvore para procurar peixe, mesmo

que não tenha sucesso, não sofrerá qualquer calamidade depois. Mas ao fazer o que se faz para procurar o que se deseja, fazendo-o além disso com todo o coração, certamente se encontrará depois com uma calamidade". O rei perguntou: 'Posso saber de vós a prova disso?' Mencius disse: 'Se o povo de Tsâu lutasse com o povo de Ch'û, qual deles pensa Vossa Majestade que conquistaria?' 'O povo de Ch'û conquistaria'. "Sim; - e assim é verdade que um país pequeno não pode lutar com um grande, que poucos não podem lutar com muitos, que os fracos não podem lutar com os fortes. O território dentro dos quatro mares compreende nove divisões, cada uma de mil lî quadrado. Todo o território de Ch'î como um todo é apenas um deles. Se com uma parte se tenta subjugar as outras oito, qual é a diferença entre isso e a luta de Tsâu com Ch'û? Pois, com tal desejo, deve regressar ao curso adequado para a sua realização.

18 "Agora, se Vossa Majestade instituir um governo cuja acção seja benevolente, isto fará com que todos os oficiais do reino desejem estar na corte de Vossa Majestade, e todos os camponeses desejem arar nos campos de Vossa Majestade, e todos os comerciantes, tanto viajantes como estacionários, desejem armazenar as suas mercadorias nos mercados de Vossa Majestade, e todos os viajantes estrangeiros desejem fazer os seus passeios nas estradas de Vossa Majestade, e em todo o reino aqueles que se ofendem com os seus governantes por desejarem vir e queixarem-se a Vossa Majestade. E quando são tão oprimidos, quem os pode reter?

19. O rei disse: "Sou estúpido, e não posso conseguir isto. Desejo-te, meu Mestre, que me ajudes a levar a cabo os meus planos. Ensinai-me claramente; embora eu seja deficiente em inteligência e vigor, tentarei cumprir as vossas instruções'.

20. Mencius respondeu: "Só os homens instruídos, aqueles que, sem algum sustento, conseguem manter um coração firme. Quanto às pessoas, se não têm um meio de subsistência seguro, infere-se que não terão um coração firme. E se não tiverem um coração firme, não há nada que não façam, em termos de auto-abandono, desvio moral, depravação, e licença selvagem. Quando se encontram assim envolvidos no crime, para os

perseguir e punir; isto é para enganar o povo. Como é que uma coisa como enganar o povo pode ser feita sob o domínio de um homem benevolente?

21 "Portanto, um governante inteligente regulará a subsistência do povo, para garantir que, aqueles que estão acima deles, terão o suficiente para servir os seus pais com, e, aqueles que estão abaixo deles, terão o suficiente para sustentar as suas esposas e filhos; que nos anos bons serão sempre abundantemente satisfeitos, e que nos anos maus escaparão ao perigo de perecer. Depois disso, ele poderá instá-los, e eles procederão ao que é bom, pois neste caso o povo segui-lo-á fielmente.

22 "Agora, a subsistência do povo está tão regulamentada que, acima, não têm o suficiente para servir os seus pais, e, abaixo, não têm o suficiente para apoiar as suas esposas e filhos. Apesar dos anos bons, as suas vidas são continuamente amarguradas e, nos anos maus, não escapam ao perecimento. Em tais circunstâncias, eles só tentam salvar-se da morte e temem não ser bem sucedidos. Que lazer têm eles para cultivar a rectidão e a rectidão?

23. 'Se Vossa Majestade deseja realizar este regulamento da subsistência do povo, porque não recorrer ao que é o passo essencial para ele?

24. "Que sejam plantadas amoreiras em redor das casas com os seus cinco mâu, e as pessoas de cinquenta anos de idade podem ser vestidas com seda. Ao criar aves de capoeira, porcos e cães, não deixe que o seu tempo de criação seja negligenciado, e por isso as pessoas de setenta anos podem comer carne. Que não seja tirado o tempo próprio para o cultivo das quintas com os seus cem mâu, e que a família de oito bocas que aí é sustentada não sofra fome. Que seja dada especial atenção à educação nas escolas, inculcando-as especialmente com deveres filiais e fraternais, e que nenhum homem de cabelos grisalhos seja visto nas estradas, carregando fardos nas costas ou na cabeça. Nunca se viu que o governante de um Estado onde tais resultados foram vistos, - os velhos vestindo seda e comendo

carne, e as pessoas de cabelo preto que não sofrem nem de fome nem de frio, - não atingiram a dignidade real".

Livro 1, Parte 2: Rei Hûi de Liang

Capítulo I.

1. Chwang Pâ'o, ao ver Mencius, disse-lhe: "Tive uma entrevista com o rei. Sua Majestade disse-me que adorava música, e eu não estava preparado para lhe responder. O que diz deste amor pela música? Mencius respondeu: 'Se o amor do rei pela música fosse muito grande, o reino de Ch'î estaria próximo de um estado de bom governo'!

2. Outro dia, Mencius, tendo uma entrevista com o rei, disse: 'Vossa Majestade, ouvi dizer ao conselheiro de Chwang que amais a música; é assim?' O rei mudou de cor e disse: 'Não posso amar a música dos antigos soberanos; só amo a música que se adapta aos costumes da época actual.

3. Mencius disse: "Se o amor de Sua Majestade pela música fosse muito grande, Ch'î estaria perto de um estado de bom governo! A música de hoje é como a música da antiguidade, no que diz respeito à execução dessa actividade".

4. O rei disse: 'Posso ouvir de vós a prova disso?' Mencius perguntou: 'O que é mais agradável, apreciar música sozinha ou apreciá-la com outros?' 'Apreciá-la com outros', foi a resposta. E o que é mais agradável, apreciar música com poucos ou apreciá-la com muitos?' 'Apreciá-la com muitos'.

5. Mencius prosseguiu: 'O vosso servo implora para explicar a Vossa Majestade o que eu disse sobre música.

6. 'Agora, Sua Majestade está a ter música aqui.-- O povo ouve o barulho dos seus sinos e tambores, e as notas dos seus cinquenta e flautas, e todos eles, com uma dor de cabeça, franzem o sobrolho e dizem uns aos outros: "É assim que o nosso rei gosta da sua música! Mas porque é que nos reduz a este extremo de angústia? -- Pais e filhos não se podem ver um ao outro. Irmãos mais velhos e irmãos mais novos, esposas e filhos, estão separados e espalhados por toda a nação. Agora,

Sua Majestade caça aqui -- O povo ouve o barulho das suas carruagens e cavalos, e vê a beleza das suas plumas e galhardetes, e todos eles, com uma dor de cabeça, franzem o sobrolho e dizem uns aos outros: "Assim o nosso rei gosta de caçar, mas porque é que nos reduz a este extremo de aflição? Pais e filhos não se podem ver um ao outro. Irmãos mais velhos e irmãos mais novos, esposas e filhos, estão separados e espalhados pelo estrangeiro. "Tal sentimento não tem outra razão senão a de não permitir que as pessoas desfrutem do prazer tão bem como o senhor.

7. "Agora, Sua Majestade está a ter música aqui. O povo ouve o som dos vossos sinos e tambores, e as notas dos vossos cinquenta e flautas, e todos eles, encantados e com olhares de alegria, dizem uns aos outros: "Isso soa como se o nosso rei estivesse livre de todas as doenças! Se não estivesse, como poderia ele apreciar esta música?" Agora a vossa majestade caça aqui, - as pessoas ouvem o barulho das vossas carruagens e cavalos, e vêem a beleza das vossas plumas e dos vossos galhos, e todos eles, encantados, e com um olhar alegre, dizem uns aos outros: "Como se o nosso rei estivesse livre de todas as doenças! Se não estivesse, como poderia ele desfrutar desta caçada? O seu sentimento, portanto, não se deve a nenhuma outra razão que não seja a de que você deve fazê-los ter o seu prazer como você tem o seu.

8. 'Se Sua Majestade conseguisse o bem-estar do povo, então Ele reinaria verdadeiramente sobre o seu povo'.

Capítulo 2.

1. O rei Hsüan de Ch'î perguntou, 'Foi assim que o parque do rei Wan tinha setenta lî square?' Mencius respondeu, 'Então está registado nos registos'.

2. "Era tão grande como isso?" exclamou o rei. O povo', disse Mencius, 'ainda o considerava pequeno'. O rei acrescentou: 'O meu parque é apenas quarenta quadrados li, e o povo ainda o considera grande', 'o parque do rei Wan', foi a resposta, 'era setenta quadrados li, mas os cortadores de relva e os

apanhadores de madeira tiveram o privilégio de entrar nele; o mesmo fizeram os faisões e os caçadores de haras. Partilhou-o com o povo, e não foi por o verem como pequeno?

3. 'Quando cheguei às fronteiras do teu reino pela primeira vez, perguntei sobre os grandes regulamentos de proibição, antes de me aventurar a entrar; e ouvi dizer que dentro das portas da barreira havia um parque de quarenta lî quadrado, e que aquele que matou um veado nele, foi declarado culpado do mesmo crime como se tivesse matado um homem.-- Assim, esses quarenta lî quadrado são uma armadilha no meio do reino. Não é com razão que o povo olha para ele como grande?

Capítulo 3.

1. O rei Hsüan de Ch'î perguntou, dizendo, 'Existe alguma forma de regular a manutenção das relações com os reinos vizinhos?' Mencius respondeu, 'Existe'. Mas requer um príncipe perfeitamente virtuoso para poder, com um país grande, servir um país pequeno, como, por exemplo, T'ang serviu Ko, e o rei Wan serviu os bárbaros de Kwan. E requer um príncipe sábio para poder, com um país pequeno, servir um grande,-- como o rei T'âi serviu o Hsün-yü, e Kâu-ch'ien serviu Wû.

2. "Aquele que tem uma área no Estado serve uma pequena, deleita-se no Céu. Aquele que com um pequeno Estado serve um grande, fica surpreendido com o Céu. Aquele que se deleita no Céu, afectará com o seu amor e protecção todo o reino. Aquele que se surpreende com o Céu, afectará com o seu amor e protecção o seu próprio reino.

3. "Diz-se no Livro da Poesia: "Temei a Majestade dos Céus, e assim conservareis o seu comando.

4. O rei disse: "Grande ditado! Mas eu tenho uma doença: adoro coragem.

5. Rezo a Vossa Majestade', foi a resposta, 'não ame a pequena valentia'. Se um homem brandir a sua espada, olhar ferozmente e dizer: "Como se atreve a resistir-me?", esta é a

coragem de um homem comum, que só pode ser o adversário de um único indivíduo. Peço a Vossa Majestade que o amplifique.

6. "É dito no Livro de Poesia,

"O rei ardia de raiva,
E comandou os seus anfitriões,
Para parar a marcha para Chü,
Para consolidar a prosperidade de Châu,
Para satisfazer as expectativas da nação".

Esta foi a coragem do Rei Wan. O rei Wan, numa explosão de raiva, deu tranquilidade a todo o povo do reino.

7. No Chu-King ou Livro da História diz-se: "O céu, ao criar os povos, fez para eles governantes e sábios, com o propósito de os assistir e instruir, e assim distingui-los nos quatro cantos da terra", os ofensores, e quem quer que seja inocente, aqui estou eu para lidar com eles. Como ousa alguém sob o céu dar indulgência à sua vontade refratária? "Havia um homem a seguir um curso violento e desordenado no reino, e o rei Wû tinha vergonha disso. Esta foi a coragem do Rei Wû. Ele também, com uma demonstração da sua raiva, deu descanso a todo o povo do reino.

8. "Que agora também Sua Majestade, numa explosão de raiva, dê descanso a todo o povo do reino. O povo só teme que Sua Majestade não goste de coragem.

Capítulo 4.

1. O rei Hsüan de Ch'î encontrou Mencius no palácio das Neves, e disse-lhe: 'Será que homens de talento e valentia encontram igual prazer nestas coisas?' Mencius respondeu: 'Eles encontram; e se o povo em geral não se consegue divertir, condenam os seus superiores.

2. "Para eles, quando não se podem divertir, condenar os seus superiores é errado, mas quando os superiores do povo não tornam o divertimento comum ao povo e a si próprios, eles

também fazem mal.

3. "Quando um governante se alegra com a alegria do seu povo, eles também se alegram com a sua alegria; quando o governante se entristece com a dor do seu povo, o povo também se entristece com a sua dor. Uma simpatia de alegria permeará o reino; uma simpatia de tristeza fará o mesmo: - num tal estado de coisas, não pode ser senão que o governante atinja a dignidade real.

4. "Era uma vez o Duque Ching de Ch'î perguntou ao Ministro Yen: "Desejo fazer uma visita de inspecção a Chwan-fû e Cbâo-wû, e depois virar o meu percurso para sul ao longo da costa, até chegar a Lang-yê. O que devo fazer para tornar a minha visita digna de comparação com as visitas de inspecção pagas pelos antigos soberanos?

5. "O Ministro Yen respondeu: "Uma excelente supervisão! Quando o Filho do Céu visitou os príncipes, chamava-se uma visita de inspecção, ou seja, os estados sob os seus cuidados foram inspeccionados. Quando os príncipes compareceram no tribunal do Filho do Céu, isto foi chamado um acto de posse, ou seja, relataram a administração dos seus domínios, portanto, nenhum dos processos foi desprovido de finalidade, e além disso, na Primavera examinaram as terras aradas e compensaram qualquer deficiência de semente; no Outono examinaram a colheita e compensaram qualquer deficiência de rendimento. Há um ditado da dinastia Hsiâ, - se o nosso rei não passear, o que será da nossa felicidade? O que será da nossa ajuda? Esse passeio e essa excursão foram um modelo para os príncipes.

6. "Agora, o estado das coisas é diferente. Uma marcha de acolhimento na presença do governante, e são consumidas provisões. Os famintos são privados da sua comida, e não há descanso para aqueles que são chamados a labutar. Amaldiçoam-se uns aos outros com olhares ferozes, e o povo continua a cometer iniquidade. Assim, as ordenanças reais são violadas, e o povo é oprimido, e as provisões de comida e bebida fluem como água. Os governantes rendem-se à corrente, ou seguem o seu caminho contra ela; são selvagens, estão

completamente perdidos: - estas coisas precedem a tristeza dos príncipes inferiores.

7. "Cair com a corrente e esquecer o regresso, é o que eu chamo ceder a ela. Afundar com a corrente e esquecer o regresso, é o que eu chamo pressionar o vosso caminho contra ela. Perseguir caça sem saciedade é o que eu chamo ser selvagem, divertir-se no vinho sem saciedade é o que eu chamo estar perdido.

8. "Os antigos governantes não tinham prazeres a que se entregassem como no fluxo, nem acções que pudessem ser caracterizadas como selvagens e perdidas".

9. 'É para ti, meu príncipe, seguir o teu curso'.

10 'Duke Ching ficou satisfeito, emitiu uma proclamação em todo o seu Estado, e saiu, e ocupou um barracão nas fronteiras. Aí começou a abrir os seus celeiros para suprir as necessidades do povo, e chamando o Grande Mestre da música, disse-lhe: "Toca música à medida de um príncipe e de um ministro. E foi então que o Chî-shâo e o Chio-shâo foram feitos, nas palavras para as quais foi dito: "Será culpa conter o príncipe?" Aquele que detém o seu príncipe, ama o seu príncipe.

Capítulo 5.

1. O rei Hsüan de Ch'î disse: "O povo diz-me para derrubar e remover o Palácio da Luz. É necessário que eu resolva destruí-lo?

2. Mencius respondeu: "O Palácio da Luz é um Salão adequado para os soberanos. Se Vossa Majestade deseja praticar a verdadeira regra real, então não a retire para baixo.

3. O rei disse: "Posso ouvir de vós qual é o verdadeiro bom governo?" 'Anteriormente', foi a resposta, 'o governo Ch'î do rei Wan era tão grande e próspero que: - "os lavradores cultivavam para o governo um nono da terra; os descendentes dos funcionários eram assalariados; nos passes e nos mercados eram

inspeccionados estranhos, mas as mercadorias não eram tributadas: não havia proibições em relação às lagoas e barragens; as esposas e filhos dos criminosos não estavam envolvidos na sua culpa. Havia homens velhos sem esposas, ou viúvos; homens velhos e mulheres sem maridos, ou viúvas; homens velhos e sem filhos, ou solitários; homens jovens e órfãos ou órfãos: estas quatro classes eram as mais carenciadas do povo, e não tinham ninguém a quem pudessem falar dos seus desejos, e o rei Wan, na instituição do seu governo, pela sua acção benevolente, fez deles os primeiros objectos da sua consideração, como se diz no Livro da Poesia,

"Os ricos podem passar bem as suas vidas;
Mas ai dos infelizes e solitários""".

4. O rei disse: "Ó excelentes palavras!" Mencius disse: "Já que Vossa Majestade os considera excelentes, porque não os pratica?" "Eu tenho uma doença", disse o rei; gosto de riqueza. A resposta foi: "Antigamente, Kung-lîu gostava de riqueza.

É dito no Livro de Poesia,

"Ele levantou os seus carris e encheu os seus celeiros,
amarrar víveres secos e cereais,
Em sacos e sacas sem fundo,
Para reunir o seu povo e glorificar o seu estado.
Com arcos e flechas à vista,
Com escudos, lanças e eixos de batalha, grandes e pequenos,
ele começou a sua marcha.

Desta forma, aqueles que ficaram na sua antiga casa tinham os seus carris e celeiros, e aqueles que marcharam tinham os seus sacos de provisões. Só depois disto é que pensou poder começar a sua marcha. Se Sua Majestade ama a riqueza, dê ao povo o poder de se entregar ao mesmo sentimento, e que dificuldade existirá então em reinar?

5. O rei disse: "Tenho uma doença; gosto da beleza. A resposta foi: 'Anteriormente, o rei T'âi gostava de beleza e amava a sua esposa. É dito no Livro de Poesia,

"Kû-kung T'an-fû
Chegou pela manhã, ao galope do seu cavalo,
Junto às margens das águas ocidentais,
Ao pé da colina de Ch'î,
Juntamente com a dama de Chiang;
Eles vieram e juntos escolheram o local para o seu
assentamento".

Nessa altura, na reclusão da casa, não havia mulheres insatisfeitas, e no exterior, não havia homens solteiros. Se Vossa Majestade ama a beleza, será que o povo pode satisfazer o mesmo sentimento, e que dificuldade haverá para vós em alcançar o império real?

Capítulo 6.

1. Mencius disse ao rei Hsüan de Ch'î: "Suponhamos que um dos ministros de Sua Majestade confiasse a sua esposa e filhos aos cuidados do seu amigo, enquanto ele próprio ia a Ch'û para viajar, e que, no seu regresso, descobrisse que o amigo tinha deixado a sua esposa e filhos a sofrer de frio e fome; como deveria ele lidar com ele? O rei disse: "rompe imediatamente com o seu amigo".

2. Mencius prosseguiu: "Suponha que o magistrado superior não podia regular os oficiais sob o seu comando, o que faria com ele? O rei disse: "Dispensem-no".

3. Mencius disse novamente: 'Se dentro das quatro fronteiras do vosso reino não houver um bom governo, o que se deve fazer?' O rei olhou para a direita e para a esquerda e falou de outros assuntos.

Capítulo 7.

1. Mencius, tendo tido uma entrevista com o rei Hsüan de Ch'î, disse-lhe: "Quando os homens falam de "um reino antigo", isso não significa que tenha árvores altas, são as sucessivas gerações de ministros habilidosos que o fizeram feliz e próspero. Rei, não tendes ministros íntimos de confiança; aqueles a quem

ontem fizestes ministros, nem sequer vos lembrais hoje de os terdes nomeado" .

2. O rei disse: "Como poderei eu saber que não tendes capacidade para novos ministros e, por conseguinte, evitar empregá-los de todo?

3. A resposta foi: "O governante de um Estado promove homens de talento e virtude ao cargo apenas por necessidade. Uma vez que, assim, fará com que os de camadas mais baixas superem os honrados e os distantes superem os seus parentes mais próximos, deveria fazê-lo, mas com cautela?

4. Quando todos à sua volta dizem: "Este é um homem de talento e valor", pode não acreditar nisso. Quando todos os seus grandes funcionários dizem: "Este é um homem de talento e virtude", talvez também não acredite nisso. Quando todas as pessoas dizem: "Este é um homem de talento e virtude", examinem o caso e, quando descobrirem que o homem é assim, contratem-no. Quando todos à sua volta disserem: "Este homem não o fará", não os escute. Quando todos os seus grandes funcionários disserem: "Este homem não o fará", não os escute. Quando todas as pessoas disserem: "Este homem não o fará", examinem o caso e, quando descobrirem que o homem não o fará, demitam-no.

5. "Quando todos à vossa volta disserem: "Este homem merece a morte", não lhes dêem ouvidos. Quando todos os seus grandes funcionários disserem: "Este homem merece a morte", não lhes dê ouvidos. Quando todo o povo disser: "Este homem merece a morte", investigue o caso, e quando vir que o homem merece a morte, mate-o. Por conseguinte, temos o ditado: "O povo matou-o".

6. "Deve agir desta forma para ser o pai e a mãe do seu povo".

Capítulo 8.

1. O rei Hsüan de Ch'î fez uma pergunta nestes termos: 'É

verdade que T'ang (fundador da segunda dinastia chinesa) destronou Cheh fundador da primeira dinastia e o enviou para o exílio, e que Wu condenou Châu à morte?' Mencius respondeu: 'Então está escrito nos registos'.

2. O rei disse: 'Pode um ministro matar o seu soberano?

3. Mencius disse: "Aquele que ultraja a benevolência própria da sua natureza é chamado ladrão; aquele que ultraja a justiça é chamado rufião. O ladrão e o rufia a que chamamos um reprovado. Ouvi dizer que Chau tinha condenado um réprobo, um tirano, à morte, mas não ouvi falar da execução de um soberano no seu caso.

Capítulo 9.

1. Mencius, numa entrevista com o rei Hsüan de Ch'î, disse-lhe: "Se vais construir uma grande mansão, terás certamente o mestre de obras à procura de grandes árvores, e quando ele tiver encontrado essas grandes árvores, alegrar-te-ás, pensando que elas responderão pelo projecto desejado. Se os trabalhadores os cortarem de modo a torná-los demasiado pequenos, então Sua Majestade ficará zangada, pensando que não responderão ao propósito. Agora, um homem passa a sua juventude a aprender os princípios da boa governação e, quando tiver crescido, deseja pô-los em prática; se Vossa Majestade lhe disser: 'Por agora ponha de lado o que aprendeu e siga-me', o que devemos dizer?

2. "Aqui tem agora uma jóia não forjada, na pedra. Embora possa valer 240.000 taels, irá certamente empregar um lapidário para o cortar e polir. Mas quando chega ao governo do Estado, então diz: 'Por agora, ponha de lado o que aprendeu e siga-me. Como é que age aqui de forma tão diferente da sua conduta ao chamar o lapidário para cortar a gema?

Capítulo 10.

1. O povo de Ch'î atacou o iene e conquistou-o.

2. O rei Hsüan perguntou, dizendo: 'Alguns dizem-me para

não tomar posse dela por mim, e outros dizem-me para tomar posse dela. Para um reino de dez mil carruagens atacar outra de dez mil carruagens, para completar a sua conquista em cinquenta dias, é um feito para além da mera força humana. Se eu não tomar posse dela, certamente que me cairão calamidades do Céu. O que me dizes se eu tomar posse dela?

3. Mencius respondeu: 'Se o povo de Yen está satisfeito com a sua tomada de posse, então faça-o.-- Entre os antigos houve um que agiu com base neste princípio, nomeadamente, o rei Wû. Se o povo de Yen não está satisfeito com a sua tomada de posse, então não o faça.-- Entre os antigos houve um que agiu com base neste princípio, nomeadamente, o rei Wan.

4. "Quando, com toda a força do vosso país de dez mil carruagens, atacastes outro país de dez mil carruagens, e o povo trouxe cestos de arroz e embarcações de congee, para receber os hospedeiros de Vossa Majestade, houve alguma outra razão para isso, para além de terem esperado escapar do fogo e da água? Se se tornar a água mais profunda e o fogo mais feroz, eles também farão outra revolução".

Capítulo 11.

1. O estado de Chi, tendo atacado o iene, tomou posse dele, e sobre isso os príncipes dos vários estados deliberaram em conjunto e resolveram libertar o iene do seu poder. O rei Hsüan disse a Mencius: "Os príncipes fizeram muitos planos para me atacarem: como me devo preparar para isso?" Mencius respondeu: "Ouvi falar de um que com setenta anos de mentira exerceu todas as funções de governo em todo o reino. Isso foi T'ang. Nunca ouvi falar de um príncipe com um reino de mil mentiras a temer os outros".

2. "Diz-se no Livro da História, Logo que T'ang começou o seu trabalho de execução da justiça, começou com Ko. Todo o reino tinha confiança nele. Quando continuou o seu trabalho no leste, as tribos rudes do oeste murmuraram. Tal como os do norte, quando ele estava ocupado no sul. O seu grito era: "Por que nos põe em último lugar?" Assim, as pessoas olharam para

ele, enquanto nós olhamos numa época de grande seca para as nuvens e arco-íris. Os frequentadores dos mercados não pararam. Os lavradores não fizeram qualquer alteração nas suas operações. Enquanto castigava os seus governantes, ele confortava o povo. A sua marcha foi como a queda de chuva oportuna, e o povo regozijou-se. Diz-se novamente no Livro da História: "Esperámos muito tempo pelo nosso príncipe; a vinda do príncipe será o nosso renascimento"!

3. "Agora o governante do Iémen estava a tiranizar o seu povo, e Sua Majestade foi e castigou-o. As pessoas supunham que os iam entregar da água e do fogo, e trouxeram cestos de arroz e vasos de congee, para receberem o anfitrião de Vossa Majestade. Mas matastes os seus pais e os seus irmãos mais velhos, e levastes os seus filhos e os seus irmãos mais novos para o cativeiro. Derrubaram o templo ancestral do Estado e estão a mover os seus preciosos vasos para Ch'î. Como pode um tal curso de acção ser considerado adequado? De facto, o resto do reino teme invejosamente a força de Ch'î; e agora, quando com um território duplicado não se pratica um governo benevolente, é isto que põe em movimento os braços do reino.

4. "Se Sua Majestade se apressar a emitir uma portaria, restaurando os seus cativos, velhos e jovens, impedindo a remoção dos preciosos vasos, e dizendo que, após consulta com o povo de Yen, nomeará um governante seu e retirar-se-á do país; desta forma, poderá ainda ser capaz de parar o ataque que o ameaça".

Capítulo 12.

1. Houve um atrito entre Tsâu e Lû, quando o Duque Mû interrogou Mencius, dizendo: "Dos meus oficiais, trinta e três homens morreram, e nenhum do povo iria morrer em sua defesa. Embora eu os tenha condenado à morte pela sua conduta, é impossível condenar à morte uma tal multidão. Se eu não os executar, então o crime daqueles que olham com raiva para a morte dos seus oficiais e não os salvam fica impune. Como é que as exigências do caso podem ser satisfeitas?

2. Mencius respondeu: "Nos anos calamitosos e de fome, os idosos e fracos do vosso povo, que foram encontrados deitados nas valas e canais de água, e os saudáveis que foram espalhados pelos quatro cantos da terra, ascenderam a vários milhares. Durante todo este tempo, os teus celeiros, ó príncipe, foram armazenados com cereais, e os teus tesouros e arsenais foram cheios, e nenhum dos teus oficiais te informou da angústia. Assim, os superiores têm sido negligentes no seu estado e cruéis para com os seus inferiores. O filósofo Tsang disse: "Cuidado, cuidado. o que vem de ti, voltará para ti". Agora, finalmente, o povo devolveu a conduta dos seus funcionários. Não os culpes, ó príncipe.

3. "Se você praticar um governo benevolente, o povo vai amá-lo e a todos os que estão acima dele, e vai morrer pelos seus oficiais".

Capítulo 13.

1. O Duque Wan de T'ang perguntou a Mencius, dizendo: 'T'ang é um pequeno reino, e fica entre Ch'î e Ch'û. Devo servir Ch'î, ou devo servir Chû?

2. Mencius respondeu: "Este plano que propõe está para além de mim. Se desejar que o aconselhe, há uma coisa que posso sugerir. Cavem os vossos fossos mais fundo; construam as vossas paredes mais altas; Guardem-nas, assim como o vosso povo. Em caso de ataque, prepare-se para morrer em sua defesa, e faça com que o povo não o abandone; esta é uma linha de acção apropriada.

Capítulo 14.

1. O Duque Wan de T'ang perguntou a Mencius, dizendo: 'O povo de Ch'î vai fortificar Hsieh. Qual é o curso adequado para eu seguir neste caso?

2. Mencius respondeu: "Antigamente, quando o rei T'âi habitava em Pin, os bárbaros do norte atacavam-no continuamente. Deixou-o, portanto, foi para o sopé do Monte

Ch'î e lá fixou a sua residência. Ele não tomou essa situação como se a tivesse seleccionado. Para ele, era uma questão de necessidade.

3. "Se fizerdes o bem entre os vossos descendentes, nas gerações posteriores, haverá um que alcançará a dignidade real. Um príncipe lança as bases da herança e transmite o princípio que fez, fazendo o que os seus sucessores podem continuar a fazer. Quanto à obtenção do grande resultado, esse é o negócio do Céu. O que é esse Ch'î para ti, ó príncipe? Ser forte para fazer o bem. Isso é um assunto para si.

Capítulo 15.

1. O Duque Wan de T'ang perguntou a Mencius, dizendo: 'T'ang é um estado pequeno. Embora eu faça o meu melhor para servir esses grandes reinos de ambos os lados, não podemos deixar de sofrer por eles. Que rumo devo tomar para que o possamos fazer?" Mencius respondeu: "Anteriormente, quando o rei T'âi habitava em Pin, os bárbaros do norte faziam incursões constantes sobre ele. Serviu-os com peles e sedas, e no entanto sofreu por eles. Serviu-os com cães e cavalos, mas sofreu por eles. Serviu-os com pérolas e pedras preciosas, mas sofreu por eles. Quando viu isto, reuniu os anciãos e anunciou-lhes, dizendo: "O que os bárbaros querem é o meu território. Ouvi dizer que um governante não faz mal ao seu povo com aquilo que o alimenta. Meus filhos, porque deveriam preocupar-se em não ter um príncipe? Vou deixar isto. Assim, deixou Pin, atravessou a Montanha Liang, construiu uma cidade no sopé do Monte Ch'î e lá habitou. O povo de Pin disse: "Ele é um homem benevolente. Não devemos perdê-lo". Aqueles que o seguiram pareciam multidões a correr para o mercado.

2. "Por outro lado, alguns dizem: 'O reino é uma coisa a ser mantida de geração em geração'. Um indivíduo não pode comprometer-se a dispor dele na sua própria pessoa. Que ele esteja disposto a morrer por isso. Que ele não o abandone.

3. "Peço-lhe, príncipe, que faça a sua escolha entre estes

dois cursos".

Capítulo 16.

1. O Duque P'ing de Lû estava prestes a deixar o seu palácio, quando o seu favorito, um Tsang Ts'ang, lhe fez um pedido, dizendo: "Noutros dias, quando saiu, deu instruções aos oficiais sobre para onde ia. Mas agora, os cavalos foram colocados na carruagem, e os oficiais ainda não sabem para onde se dirige. Atrevo-me a perguntar. O duque disse: "Vou ver o estudioso Mang". "Como é isto?" disse o outro. -'Que te rebaixes, príncipe, para render a honra da primeira visita a um homem comum, suponho, é porque o achas um homem de talento e virtude. Estes homens observam as regras da propriedade cerimonial e da lei. Mas por ocasião do segundo luto deste Mang, as suas observâncias excederam as do primeiro. Não o vás ver, meu príncipe.

2. O funcionário Yo-chang entrou no tribunal e teve uma audiência. Ele disse: 'Príncipe, porque não foste ver Mang K'o?' O duque disse: 'Um deles disse-me que, por ocasião do segundo luto do estudioso Mang, as suas observâncias excederam as do primeiro. É por isso que ainda não fui vê-lo. Como é isto!' respondeu Yo-chang. Pelo que se chama "exceder", suponho que quer dizer que, na primeira ocasião, ele usou os ritos próprios de um estudioso, e, na segunda, os próprios de um grande oficial; que ele usou primeiro três tripés, e depois cinco tripés". O duque disse: "Não; refiro-me à maior excelência do caixão, da concha, da roupa de enterro e do sudário. Yo-chAng disse: "Isso não pode ser chamado "excessivo".

3. Depois deste Yo-chAng viu Mencius e disse: "Falei com o príncipe de vós, e ele vinha assim para vos ver, quando um dos seus favoritos, chamado Tsang Ts'ang, o deteve, e assim o fez não vir de acordo com o seu propósito. Mencius disse: "O avanço de um homem é conseguido por ele próprio e pará-lo não pode ser alcançado pelos esforços de outros. Mas avançar um homem ou impedir o seu avanço está realmente para além do poder de outros homens. Se eu não encontrar no príncipe de

Lû o governante que confiará em mim e porá em prática os meus conselhos, é uma questão de céu. Como poderia esse descendente da família Tsang levar-me a não encontrar o governante que me convém?

O Livro de Mencius

Livro 2, Parte 1: Kung-sun Ch'au

Capítulo 1.

1. Kung-sun Ch'âu perguntou a Mencius, dizendo: 'Mestre, se conseguisse a ordenação do governo em Ch'î, poderia prometer a si mesmo alcançar novamente resultados como os alcançados por Kwan Chung e Yen?

2. Mencius disse: "És de facto um verdadeiro homem de Ch'î. Conhece o Kwan Chung e o Yen, e nada mais,

3. 'Alguém perguntou a Tsang Hsî, dizendo: "Senhor, a quem dás superioridade, a ti mesmo ou a Tsze-lû?" Tsang Hsî parecia inquieto e disse: 'Ele era um objecto de veneração para o meu avô'. "Então", continuou o outro, "Você dá superioridade a si mesmo ou ao Kwan Chung?" Tsang Hsî, avermelhado de raiva e enojado, disse, "Como ousa comparar-me ao Kwan Chung? Considerando quão completamente Kwan Chung possuía a confiança do seu príncipe, quanto tempo desfrutou da liderança do governo do estado, e quão pouco, afinal, alcançou, como é que me compara com ele?

4. 'Portanto', concluiu Mencius, 'Tsang Hsî não tocaria Kwan Chung, e é isso que deseja que eu faça?

5. Kung-sun Ch'âu disse: 'Kwan Chung criou o seu príncipe para ser o líder de todos os outros príncipes, e o iene tornou o seu príncipe ilustre, e ainda pensas que não seria suficiente para ti fazeres o que eles fizeram?

6. Mencius respondeu: 'Levantar a Ch'î à dignidade real seria tão fácil como virar a mão'.

7. 'So!' respondeu o outro. A perplexidade do seu discípulo tem aumentado muito. Havia, além disso, o rei Wan, com toda a

virtude que lhe pertencia, que não morreu até aos cem anos de idade, e até agora a sua influência não tinha penetrado em todo o reino. Era necessário que o rei Wû e o duque de Châu continuassem o seu trabalho para que essa influência prevalecesse na medida necessária. Agora diz que a dignidade real pode ser tão facilmente obtida: não é então o Rei Wan um personagem digno de ser imitado.

8. Mencius disse: "Como é que o rei Wan pode ser igualado? De T'ang a Wû-ting tinham aparecido seis ou sete soberanos dignos e sábios. O reino esteve ligado a Yin durante muito tempo, e desta vez tornou difícil uma mudança. Wû-ting fez com que todos os príncipes viessem à sua corte, e governou o reino como se fosse uma coisa que se movesse na palma da sua mão. Depois, Châu foi retirado de Wû-ting durante um grande intervalo de tempo. Ainda restavam algumas das antigas famílias e dos velhos costumes, da influência que também emanara dos antigos soberanos, e do seu bom governo. Além disso, houve o visconde de Wei e o seu segundo filho, as suas Altezas Reais Pîkan e o visconde de Ch'î, e Kâo-ko, todos homens de habilidade e virtude, que deram a sua ajuda unida a Châu no seu governo. Em consequência destas coisas, demorou muito tempo a perder o trono. Não havia um pé de terra que ele não possuísse. Não havia lá ninguém que não fosse o seu súbdito. Assim, foi para o seu lado, e o Rei Wan no seu início tinha apenas um território de cem lî quadrado. Por causa de tudo isto, foi-lhe difícil atingir imediatamente a dignidade real.

9. O povo de Ch'î tem um ditado: "Um homem pode ter sabedoria e um homem pode ter sabedoria e discernimento, mas isso não é como abraçar uma oportunidade favorável. Um homem pode ter instrumentos de pecuária, mas isso não é como esperar pelas estações agrícolas". O tempo presente é aquele em que a verdadeira dignidade pode ser facilmente atingida.

10. Nos períodos de florescimento das dinastias Hsiâ, Yin e Châu, o domínio real não excedeu mil lî, e Ch'î cobre tanto território. Os galos cantam e os cães ladram um ao outro, até às quatro fronteiras do Estado:-- assim Ch'î possui o povo. Nenhuma mudança é necessária para o alargamento do seu

território: nenhuma mudança é necessária para acomodar a sua população. Se o seu governante pratica um governo benevolente, nenhum poder o pode impedir de se tornar soberano.

11. "Além disso, nunca houve uma era mais remota do que o presente da ascensão de um verdadeiro soberano: nunca houve uma era em que os sofrimentos do povo do governo tirânico fossem mais intensos do que o presente. Os famintos são facilmente alimentados por qualquer comida, e os sedentos por qualquer bebida".

12. Confúcio disse: "O progresso suave da virtude é mais rápido do que a transmissão de comandos reais por etapas e mensageiros".

13. Actualmente, num país de dez mil carruagens, que se ponha em prática um governo benevolente, o povo ficará encantado com isso, como que aliviado de ficar pendurado de calcanhares. Com metade dos méritos dos antigos, o dobro das suas conquistas serão certamente realizadas. Só neste momento é que poderia ser assim.

Capítulo 2.

1. Kung-sun Ch'âu perguntou a Mencius: 'Mestre, se fosses nomeado um alto nobre e primeiro-ministro de Ch'î, a fim de pores os teus princípios em prática, mesmo que nessa altura elevasses o governante à chefia de todos os outros príncipes, ou mesmo à dignidade real, não seria surpreendente que a tua mente fosse perturbada ou não? Mencius respondeu: "Não. Aos quarenta anos de idade, alcancei uma mente imperturbável".

2. Ch'âu disse: 'Como é assim contigo, meu Mestre, estás muito além do Mang Pan'. -'A mera realização', disse Mencius, 'não é difícil'. O estudioso Kâo tinha atingido uma mente imperturbável num período de vida anterior ao meu.

3. Ch'âu perguntou, 'Existe alguma forma de ter uma mente imperturbável?' A resposta foi, 'Sim'.

4. 'Pî-kung Yû tinha esta forma de alimentar a sua coragem:-- Ele não recuou de nenhum golpe no seu corpo. Ele não desviou os olhos de qualquer empurrão para eles. Ele considerou que o menor empurrão de qualquer um era o mesmo que se fosse espancado perante a multidão no mercado, e que o que não receberia de um homem comum nas suas grandes vestes de cabelo solto, nem deveria receber de um príncipe de dez mil carruagens. Considerou apunhalar um príncipe de dez mil carruagens como apunhalar um companheiro vestido com um pano de cabelo. Ele não temia nenhum de todos os príncipes. Uma palavra má dirigida a ele seria sempre devolvida.

5. 'Mang Shih-shê tinha esta forma de alimentar a sua coragem:-- Ele disse: "Não considero conquistar e vencer da mesma forma. Para medir o inimigo e depois avançar; para calcular as hipóteses de vitória e depois atacar: isto é ter medo da força contrária. Como posso ter a certeza da vitória? Só me posso erguer acima de todo o medo.

6. 'Mang Shih-shê assemelhava-se ao filósofo Tsang. Pî-kung Yû assemelhava-se a Tsze-hsiâ. Não sei a qual das duas deve ser atribuída a superioridade, mas Mang Shih-shê prestou atenção ao que era de maior importância.

7 "Antigamente, o filósofo Tsang disse a Tsze-hsiang: "Gostas de coragem? Ouvi um relato de grande coragem por parte do Mestre. "Se, ao examinar-me a mim próprio, descubro que não estou de pé, não devo temer mesmo um pobre homem com a sua roupa de pano de cabelo solto? Se, ao examinar-me a mim próprio, verificar que estou de pé, irei avançar contra milhares e dezenas de milhares".

8. No entanto, o que Mang Shih-shê sustentava, sendo apenas a sua energia física, era afinal inferior ao que o filósofo Tsang sustentava, o que era certamente da maior importância".

9. Kung-sun Ch'âu disse, 'Posso atrever-me a pedir-lhe uma explicação, Mestre, como mantém uma mente imperturbável, e como o filósofo Kâo faz o mesmo? Mencius respondeu, 'Kâo diz,-- "O que não é alcançado pelas palavras

não deve ser procurado na mente; o que produz insatisfação na mente, não deve ser ajudado por um esforço apaixonado". Este último, -- quando há insatisfação na mente, para não procurar alívio da paixão, pode ser concedido. Mas não procurar na mente o que não é alcançado pelas palavras, não pode ser admitido. A vontade é o líder da natureza apaixonada. A natureza apaixonada impregna e anima o corpo. A vontade é, antes de mais, e a natureza apaixonada está subordinada a ela. Por conseguinte, digo: "Mantenham firme a vontade e não façam violência à natureza apaixonada".

10. Ch'âu observou: 'Uma vez que diz: "A vontade é primária, e a natureza apaixonada está subordinada a ela", como é que também diz: "Mantenham a vontade e não violem a natureza apaixonada? Mencius respondeu: "Quando é apenas a vontade que está activa, move a natureza apaixonada. Quando é apenas a natureza apaixonada que está activa, ela move a vontade. Agora, por exemplo, no caso de um homem que cai ou corre, isto é, pela natureza da paixão e no entanto move a mente.

11. 'Atrevo-me a perguntar', disse Ch'âu novamente, 'naquilo que você, Mestre, ultrapassa Kâo'. Mencius disse-lhe: "Eu compreendo as palavras. Sou hábil em nutrir a minha vasta e fluida natureza apaixonada.

12. Ch'âu continuou: 'Atrevo-me a perguntar-lhe o que quer dizer com a sua vasta e fluida natureza apaixonada'! A resposta foi: 'É difícil de descrever.

13. "Esta é a natureza da paixão: - É extremamente grande e extremamente forte. Sendo alimentado pela justiça, e não sofrendo nenhum dano, enche tudo entre o céu e a terra.

14. Esta é a natureza da paixão: - É a companheira e assistente da rectidão e da razão. Sem ela, o homem está num estado de fome.

15. "É produzido pela acumulação de boas obras; não deve ser obtido por actos acidentais de rectidão. Se a mente não sente indulgência na conduta, a natureza passa fome. Por isso, eu

disse: "Kâo nunca compreendeu a justiça, porque a torna uma coisa exterior.

16. "Deve haver a prática constante desta justiça, mas sem o objectivo de alimentar assim a natureza apaixonada". Que a mente não esqueça o seu trabalho, mas que não ajude ao crescimento dessa natureza. Não sejamos como o homem de Sung. Havia um homem de Sung, que estava de luto por o seu milho em crescimento já não ser longo, por isso arrancou-o. Tendo feito isto, voltou para casa, com um ar muito estúpido, e disse ao seu povo: "Hoje estou cansado. Tenho estado a ajudar o milho a crescer muito tempo". O seu filho correu para olhar para ele e encontrou o milho todo murcho. Há poucos no mundo, que não lidam com a sua natureza apaixonada, como se estivessem a ajudar o milho a crescer muito grande. Alguns consideram-no, de facto, sem qualquer benefício para eles, e deixam-no em paz: - eles não lavam o seu milho. Aqueles que o ajudam a crescer, depenam o seu milho.

17. Kung-sun Ch'âu perguntou ainda: 'O que queres dizer com compreender todas as palavras que ouves?' Mencius respondeu: 'Quando as palavras são unilaterais, eu sei como a mente do orador é turvada. Quando as palavras são extravagantes, eu sei como a mente cai e afunda. Quando as palavras são totalmente depravadas, eu sei como a mente se afastou do princípio. Quando as palavras são evasivas, eu sei como a mente está no seu fim. Estes males que crescem na mente, prejudicam o governo, e, manifestados no governo, são prejudiciais à condução dos assuntos de Estado. Quando um Sábio volta a surgir, ele seguirá certamente as minhas palavras".

18. Sobre este Ch'âu observado, 'Tsâi Wo e Tsze-kung foram habilidosos em falar. Zan Niû, o discípulo Min e Yen Yüan, embora as suas palavras fossem boas, distinguiram-se pela sua conduta virtuosa. Confúcio uniu em si mesmo as qualidades dos discípulos, mas mesmo assim disse: "Em matéria de discursos, não sou proficiente". Então, Mestre, tornou-se um Sábio?

19. Mencius disse: "Oh, que palavras são estas!"

Anteriormente, Tsze-kung perguntou a Confúcio, dizendo: "Mestre, és um sábio?" Confúcio respondeu: "Um sábio é aquilo a que eu não posso chegar. Eu aprendo sem saciedade e ensino sem cansaço. Tsze-kung disse: "Aprendes sem saciedade: isso prova a tua sabedoria. Ensina sem se cansar: isso prova a sua benevolência. Benevolente e sábio: Mestre, você é um sábio". Ora, uma vez que Confúcio não se permitiria ser considerado um Sábio, que palavras foram essas?

20. Ch'âu disse: "Há muito tempo atrás, ouvi isto:-- Tsze-hsiâ, Tsze-yû, e Tsze-chang tinham cada um uma porção de Sage. Zan Niû, o discípulo Min, e Yen Yüan tinham todas as porções, mas em pequenas proporções. Atrevo-me a perguntar: com qual deles tem o prazer de se classificar?

21. Mencius respondeu: "Deixemos de falar sobre isto, por favor.

22. Ch'âu perguntou então: 'O que se diz sobre Po-î e Î Yin. Eles eram diferentes dos meus", disse Mencius. "Não servir um príncipe que nem mandou um povo que não aprovou; numa época de bom governo, e em caso de confusão, retirar-se". Este foi o caminho de Po-îî. Para dizer: "Quem é que eu não posso servir? O meu serviço a ele faz dele o meu governante. Que pessoas posso não comandar? O meu comando faz deles o meu povo. Numa época de bom governo para tomar posse, e quando a desordem prevalecia, também para tomar posse:-- era o caminho de Yin. Quando era apropriado tomar posse, então ele tomou posse; quando era apropriado manter-se aposentado, então ele manteve-se afastado do cargo; quando era apropriado continuar nele por muito tempo, então ele fê-lo - quando era apropriado aposentar-se rapidamente, então ele aposentou-se rapidamente:-- esse era o método Confuciano. Assim como todos os sábios de antigamente, e eu não vim para fazer o que eles faziam. Mas o que eu desejo fazer é aprender a ser como Confúcio.

23. Ch'âu disse: 'Comparando Po-î e Î Yin com Confúcio, serão eles colocados no mesmo posto?' Mencius respondeu: 'Não. Desde que houve homens vivos até agora, nunca houve outro

Confúcio'.

24. Ch'âu disse: 'Então eles tinham algum ponto em comum com ele?' A resposta foi: 'Sim. Se tivessem sido soberanos de uma centena de lî de território, todos eles teriam trazido todos os príncipes para os assistir na sua corte, e teriam obtido o trono. E nenhum deles, a fim de obter o trono, teria cometido um único acto de injustiça ou morto uma pessoa inocente. Nestas coisas eles concordaram com ele.

25. Ch'âu disse: "Atrevo-me a perguntar, em que é que ele difere deles? Mencius respondeu: 'Tsâi Wo, Tsze-kung e Yû Zo tiveram sabedoria suficiente para conhecer o sábio. Mesmo que se tivessem classificado num nível inferior, não se teriam inclinado para bajular o sábio.

26 'Agora, Tsâi Wo disse: "Na minha opinião do nosso Mestre, ele era muito superior a Yâo e Shun".

27 'Tsze-kung disse: "Ao ver as ordenanças cerimoniais de um príncipe, conhecemos o carácter do seu governo. Ao ouvir a sua música, conhecemos o carácter da sua virtude. Após um período de cem anos, posso classificá-los, segundo os seus méritos, os reis de cem séculos; nenhum deles pode escapar-me. Desde o nascimento da humanidade até agora, nunca houve outro como o nosso Mestre".

28. 'Yû Zo disse: "Será assim apenas entre os homens? Há o Ch'î-lin entre quadrúpedes, o Fang-hwang entre pássaros, a montanha T'âi entre montes e formigueiros, e os rios e mares entre poças de chuva. Embora diferentes em grau, são iguais em espécie. Assim, os sábios entre a humanidade são também do mesmo tipo. Mas eles distinguem-se dos seus semelhantes e elevam-se acima do nível, e desde o nascimento da humanidade até agora nunca houve um tão completo como Confúcio".

Capítulo 3.

1. Mencius disse: "Aquele que, usando a força, finge ser

benevolente é o líder dos príncipes. Um líder de príncipes requer um grande reino. Aquele que, usando a virtude prática, a benevolência, é o governante do reino. Para se tornar o governante do reino, um príncipe não precisa de esperar possuir um grande reino. T'ang fê-lo com apenas setenta lî e o Rei Wan com apenas cem.

2. "Quando alguém submete os homens à força, eles não se submetem a ele do coração. Eles submetem-se, porque a sua força não é suficiente para resistir. Quando alguém submete os homens em virtude, no fundo dos seus corações ficam satisfeitos e submetem-se sinceramente, como foi o caso dos setenta discípulos na sua submissão a Confúcio. O que é dito no Livro de Poesia é uma ilustração disto.

"Do oeste, do leste",
Do sul, do norte,
Não havia ninguém que pensasse em recusar a submissão".

Capítulo 4.

1. Mencius disse: "A benevolência traz glória a um príncipe, e o oposto dela traz vergonha. Hoje em dia, os príncipes odeiam a desgraça e ainda vivem complacentemente fazendo o que não é benevolente, é como odiar a humidade e ainda assim viver num lugar muito baixo.

2. "Se um príncipe odeia a desgraça, o melhor caminho que pode seguir é estimar a virtude e honrar os estudiosos virtuosos, dando os lugares mais dignos de dignidade e os gabinetes de confiança competentes. Quando em todo o seu reino houver lazer e descanso de problemas externos, deixe-o, aproveitando tal época, digerir claramente os princípios do seu governo com as suas sanções legais, e então até os grandes reinos serão obrigados a temê-lo.

3. "É dito no Livro de Poesia,

"Antes de os céus escurecerem com a chuva, recolhi a casca das raízes do

a casca das raízes das amoreiras,
e teceu-os bem juntos para formar a janela e a porta do meu ninho;
agora, pensava eu, vocês abaixo,
talvez não se atreva a insultar-me".

Confúcio disse: "Aquele que fez esta ode não entendeu a forma de governar?" Se um príncipe pode governar correctamente o seu reino, quem se atreverá a insultá-lo?

4. "Mas agora os príncipes aproveitam o tempo em que nos seus reinos há lazer e descanso dos cuidados externos, para se abandonarem ao prazer e à indiferença indolente; de facto, procuram calamidades para si próprios.

5. "A calamidade e a felicidade são, em todos os casos, procuradas pelos próprios homens.

6. 'Isto é ilustrado pelo que é dito no Livro da Poesia,-- 'Esforça-te sempre por estar na busca da felicidade.

Esforce-se sempre por estar em harmonia com as ordenanças de Deus,

Assim obterás certamente para ti muita felicidade;' e pela passagem do Tâi Chiah,-- 'Quando o Céu envia calamidades, ainda é possível escapar delas; quando trazemos calamidades sobre nós próprios, já não é possível viver.

Capítulo 5.

1. Mencius disse: "Se um governante honra homens de talento e virtude, e emprega os capazes, para que todos os cargos sejam preenchidos por indivíduos de distinção e talento; então todos os estudiosos do reino ficarão satisfeitos, e desejarão estar na sua corte.

2. "Se, no mercado do seu capital, impuser uma renda de chão nas lojas mas não tributar os bens, ou aplicar os regulamentos adequados sem cobrar uma renda de chão; então

todos os comerciantes do reino ficarão satisfeitos, e desejarão armazenar os seus bens no seu mercado.

3. "Se, nos seus postos fronteiriços, houver uma inspecção de pessoas, mas não forem cobrados impostos sobre mercadorias ou outros artigos, então todos os viajantes do reino ficarão satisfeitos e desejarão fazer as suas viagens ao longo das suas estradas.

4. "Se requer que os lavradores se ajudem uns aos outros a cultivar o campo público, e não exige outros impostos deles, então todos os lavradores do reino ficarão satisfeitos e desejarão lavrar os seus campos.

5. "Se dos ocupantes das tendas no seu mercado ele não exigir a multa do ocioso individual, ou da quota de pano da aldeia, então todo o povo do reino ficará satisfeito e desejará vir e ser o seu povo.

6. "Se um governante pode verdadeiramente praticar estas cinco coisas, então o povo dos reinos vizinhos olhá-lo-á como um pai. Desde a origem da humanidade até agora, ninguém que tenha levado as crianças a atacar os seus pais teve sucesso no seu propósito. Um tal governante não terá um inimigo em todo o reino, e aquele que não tem inimigos no reino é o ministro dos Céus. Nunca houve um governante em tal caso que não tenha atingido a dignidade real".

Capítulo 6.

1. Mencius disse: "Todos os homens têm uma mente que não suporta ver o sofrimento dos outros.

2. "Os antigos reis tinham esta mente compassiva, e eles, claro, tinham um governo igualmente compassivo. Quando se praticava um governo compassivo, governar o reino era uma coisa tão fácil como fazer tudo girar na palma da mão.

3. Quando digo que todos os homens têm uma mente que não suporta ver o sofrimento dos outros, a minha intenção pode

ser assim ilustrada: - Ainda hoje, se os homens virem de repente uma criança prestes a cair num poço, irão, sem excepção, experimentar um sentimento de alarme e angústia. Senti-lo-ão de alarme e angústia, não como motivo de caril com os pais da criança, nem como motivo para procurarem os elogios dos seus vizinhos e amigos, nem por aversão à reputação de não terem sido movidos por tal coisa.

4. "Deste exemplo podemos perceber que o sentimento de comiseração é essencial para o homem, que o sentimento de vergonha e aversão é essencial para o homem, que o sentimento de modéstia e complacência é essencial para o homem, e que o sentimento de aprovação e desaprovação é essencial para o homem.

5. "O sentimento de comiseração é o princípio da benevolência. O sentimento de vergonha e repugnância é o princípio da rectidão. O sentimento de modéstia e complacência é o princípio da propriedade. O sentimento de aprovação e desaprovação é o princípio do conhecimento.

6. "Os homens têm estes quatro princípios tal como têm os seus quatro membros. Quando os homens, tendo estes quatro princípios, dizem de si próprios que não os podem desenvolver, brincam ao ladrão consigo próprios, e aquele que diz do seu príncipe que não os pode desenvolver, brinca ao ladrão com o seu príncipe.

7. "Uma vez que todos os homens têm em si estes quatro princípios, que sejam conhecidos para lhes dar o seu pleno desenvolvimento e a sua plenitude, e o resultado será como o de um fogo que começou a arder, ou de uma nascente que começou a encontrar desabafo. Deixem-nos alcançar o seu pleno desenvolvimento, e serão suficientes para amar e proteger todos dentro dos quatro mares. Que lhes seja negado esse desenvolvimento, e eles não serão suficientes para um homem servir os seus pais".

Capítulo 7.

1. Mencius disse: "O fabricante de flechas é menos benevolente do que o fabricante de armaduras defensivas? E no entanto o único medo do fabricante de setas é que os homens não sejam feridos, e o único medo do fabricante de armaduras é que os homens sejam feridos. Assim é com o padre e o fabricante do caixão. A escolha de uma profissão, portanto, é uma coisa em que é necessária muita cautela.

2. "Confúcio disse: "São os modos virtuosos que constituem a excelência de um bairro. Se um homem, ao escolher uma residência, não se fixa num local onde prevalecem tais modos, como pode ser sábio?" Agora a benevolência é a dignidade mais honrada conferida pelo Céu, e o lar tranquilo em que o homem deve descansar. Como ninguém nos pode impedir de o sermos, se não formos benevolentes, não é para ser sensato.

3. "Da falta de benevolência e da falta de sabedoria resultará a total ausência de correcção e retidão; aquele que é em tal caso deve ser o servo de outros homens. Ser servo dos homens, e ainda assim envergonhar-se de tal servidão, é como um fabricante de arcos ter vergonha de fazer arcos, ou um fabricante de flechas ter vergonha de fazer flechas.

4. "Se ele tem vergonha da sua acção, a melhor coisa que ele pode fazer é praticar a benevolência.

5. "O homem que quer ser benevolente é como o arqueiro. O arqueiro ajusta-se e depois dispara. Se falhar, não murmura contra aqueles que se superam a si próprios. Simplesmente vira-se e procura a si próprio a causa do seu fracasso.

Capítulo 8.

1. Mencius disse: "Quando alguém disse a Tsze-lû que ele tinha uma falha, ele regozijou-se.

2. "Quando Yü ouviu boas palavras, fez uma vénia ao orador.

3. "O grande Shun teve ainda mais prazer no que era bom. Considerava a virtude como propriedade comum de si próprio e dos outros, renunciando à sua própria maneira de seguir o caminho dos outros e deleitando-se em aprender com os outros a praticar o que era bom.

4. "Desde o tempo em que lavrava e semeava, praticava a arte do oleiro e era pescador, até ao momento em que se tornou imperador, estava continuamente a aprender com os outros.

5. "Tomar o exemplo dos outros na prática da virtude, é ajudá-los na mesma prática. Não há, portanto, maior atributo do homem superior do que ajudar os homens a praticar a virtude".

Capítulo 9.

1. Mencius disse: 'Po-î não serviria um príncipe que ele não aprovasse, nem se associaria a um amigo que ele não estimasse. Ele não ficaria no tribunal de um mau príncipe, nem falaria com um homem mau. Estar no tribunal de um mau príncipe, ou falar com um homem mau, teria sido para ele o que teria sido sentar-se com a sua roupa de tribunal e o seu boné de tribunal no meio da lama e das cinzas. Continuando o exame da sua aversão ao que era mau, descobrimos que se ele se encontrasse com um aldeão cujo boné não se adaptava bem, achou necessário, deixá-lo com um ar sublime, como se ele fosse sujo. Portanto, embora alguns dos príncipes se lhe dirigissem com mensagens muito apropriadas, ele não receberia os seus presentes, pois considerava incompatível com a sua pureza ir ter com eles.

2. 'Hûi de Liû-hsiâ não teve vergonha de servir um príncipe impuro, nem pensou que era baixo ser um oficial inferior. Quando aceitou um emprego, não escondeu a sua virtude, mas esforçou-se por cumprir os seus princípios. Quando ele foi negligenciado e deixado sem acusação, não murmurou. Quando estava em perigo por causa da pobreza, não chorava. Consequentemente, ele teve um "vós sois vós", e eu sou eu.

Apesar de estares ao meu lado com o peito nu e as balizas nuas, ou com o corpo nu, como me podes contaminar"? Por isso, com o seu respeito próprio, relacionou-se com os homens indiscriminadamente, sem se perder a si próprio. Quando quis sair, se foi pressionado a permanecer no cargo, ficou, embora pressionado a fazê-lo, não considerando que a sua pureza lhe exigia que saísse".

3. Mencius disse: "Po-î era de mente estreita, e Hûi de Liû-hsiâ careceu de auto-respeito. O homem superior não manifestará estreiteza de espírito ou falta de auto-respeito.

Livro 2, Parte 2: Kung-sun Ch'au

Capítulo 1.

1. Mencius disse: "As oportunidades de tempo concedidas pelo Céu não são iguais às vantagens de situação concedidas pela Terra, e as vantagens de situação concedidas pela Terra não são iguais às da união que resulta do acordo dos Homens.

2. "Há uma cidade, com uma muralha interior de três lî de circunferência, e uma muralha exterior de sete.-- O inimigo rodeia-a e ataca-a, mas não a pode tomar. Agora, para o cercar e atacar, o Céu deve ter-lhes concedido a oportunidade do tempo, e nesse caso não a aproveitam porque as oportunidades de tempo concedidas pelo Céu não são iguais às vantagens da situação proporcionada pela terra.

3. "Há uma cidade, cujas muralhas se distinguem pela sua altura, e cujos fossos se distinguem pela sua profundidade, onde as armas dos seus defensores, ofensivas e defensivas, se distinguem pela sua força e agudeza, e os armazéns de arroz e outros grãos são muito grandes. No entanto, está condenado a ser rendido e abandonado. Isto porque as vantagens da situação que a Terra oferece não são iguais às da união que resulta do acordo dos Homens.

4. "De acordo com estes princípios diz-se: "Um povo é limitado, não pelos limites dos diques e limites; um Estado é assegurado, não pela força das montanhas e dos rios; o reino é intimidado, não pela agudeza e força das armas. Aquele que encontra o caminho certo tem muitos para o ajudar. Aquele que perde o curso certo tem poucos para o ajudar. Quando isto, sendo assistido por alguns, atinge o seu extremo, os seus próprios parentes rebelam-se contra o príncipe. Ao ser ajudado por muitos atinge o seu auge, todo o reino se torna obediente ao príncipe.

5. "Quando alguém a quem todo o reino está disposto a ser obediente, ataca aqueles de quem os seus próprios parentes se rebelam, qual deve ser o resultado? Portanto, o verdadeiro

governante preferirá não lutar; mas se lutar, tem de ganhar".

Capítulo 2.

Como Mencius considerava um desprezo que um príncipe o chamasse por mensageiros para o vir ver, e os turnos que lhe foram feitos para o fazer compreender isso.

1. quando Mencius estava prestes a ir à corte para ver o rei, o rei enviou-lhe uma pessoa com esta mensagem: 'Desejava vir ver-te. Mas estou constipado e não me posso expor ao vento. De manhã terei a minha corte. Não sei se me dará uma oportunidade de o ver então. Mencius respondeu: "Infelizmente, não me estou a sentir bem e não posso ir a tribunal.

2. No dia seguinte, saiu para fazer uma visita de condolências a uma das famílias Tung-kwohoh, quando Kung-sun Ch'âu lhe disse: 'Ontem, recusou-se a ir a tribunal porque não estava bem. Pode isto não ser considerado impróprio? 'Ontem', disse Mencius, 'Não estava bem; hoje estou melhor: porque não deveria eu fazer esta visita?

3. entretanto, o rei mandou um mensageiro para perguntar sobre a sua doença, e também um médico. Mang Chung respondeu-lhes: "Ontem, quando chegou a ordem do rei, sentiu-se um pouco doente e não pôde ir a tribunal. Hoje estava um pouco melhor e apressado para o tribunal. Não sei se ele o pode ter apanhado neste momento ou não. Dito isto, enviou vários homens para irem buscar Mencius à estrada e dizer-lhe: "Peço-lhe, antes de regressar a casa, que vá a tribunal".

4. Nisto, Mencius sentiu-se obrigado a ir para a casa de Ching Ch'âu, e lá passar a noite. Lord Ching disse-lhe: 'Na família, há a relação de pai e filho; fora, há a relação de príncipe e ministro. Estas são as duas grandes relações entre os homens. Entre pai e filho, o princípio orientador é a bondade. Entre príncipe e ministro, o princípio governante é o respeito. Eu vi o respeito do rei por si, senhor, mas não vi de que forma o senhor lhe mostra respeito". Mencius respondeu: "Oh, que palavras são essas? Entre o povo de Ch'î não há ninguém que fale com o rei

da benevolência e da retidão porque não acha que a benevolência e a retidão são admiráveis? Não, mas nos seus corações dizem: "Este homem não está apto a ser falado de benevolência e justiça". Assim, manifestam um desrespeito que não pode ser maior. Não me atrevo a expor perante o rei nada mais que os modos de Yâo e Shun. Portanto, não há nenhum homem de Ch'î que respeite tanto o rei como eu".

5. O Sr. Ching disse: "Não é assim. Não era isso que eu queria dizer. No Livro dos Ritos diz-se: "Quando um pai chama, a resposta deve ser sem hesitação de momento. Quando a ordem do príncipe chama, não se deve esperar pela carruagem". Ias certamente para a cortejar, mas quando ouviste a ordem do rei, então não cumpriste o teu propósito. Isto parece não estar de acordo com essa regra do decoro.

6. Mencius respondeu: "Como podeis dar esse significado à minha conduta? O filósofo Tsang disse: "A riqueza de Tsin e Ch'û não pode ser igualada. Que os seus governantes tenham a sua riqueza:-- Eu tenho a minha benevolência. Deixem-nos ter a sua nobreza:-- Tenho a minha retidão. Porque é que eu deveria estar insatisfeito como inferior a eles"? Agora vamos dizer que estes sentimentos não são correctos? Visto que o filósofo Tsang assim o disse, há neles, creio, um verdadeiro princípio. No reino, há três coisas universalmente reconhecidas como honrosas. A nobreza é uma delas; a idade é uma delas; a virtude é uma delas. Nos tribunais, a nobreza detém o primeiro lugar dos três; nas cidades, a idade; e para ajudar uma geração e presidir ao povo, os outros dois não são iguais à virtude. Como se pode presumir que a posse de apenas um deles despreza aquele que possui os outros dois?

7. "Portanto, um príncipe que vai realizar grandes feitos terá certamente ministros a quem não chamará para virem ter com ele. Quando deseja consultar com eles, vai ter com eles. O príncipe que não honra os virtuosos e não se deleita com os seus modos de fazer, nesta medida, não vale a pena ter relações com eles.

8. "Assim, houve o comportamento de T'ang para com Î

Yin:-- ele ouviu falar dele primeiro, e depois empregou-o como seu ministro; e assim, sem dificuldades, tornou-se soberano. Houve o comportamento do Duque Hwan para com Kwan Chung: primeiro ouviu falar dele, e depois empregou-o como seu ministro; e assim, sem dificuldade, tornou-se chefe de todos os príncipes.

9: "Agora, em todo o reino, os territórios dos príncipes são de igual extensão, e nas suas realizações estão no mesmo nível. Nenhum deles é capaz de ultrapassar os outros. Isto não se deve a nenhuma outra razão, mas ao facto de adorarem fazer ministros daqueles a quem ensinam, e não adorarem fazer ministros daqueles por quem podem ser ensinados.

10. "Assim se comportaram T'ang para Î Yin, e Duke Hwan para Kwan Chung, que não se atreveu a chamá-los para virem ter com eles. Se Kwan Chung não pode ser chamado pelo seu príncipe, quanto menos pode ele, que não desempenharia o papel de Kwan Chung, ser chamado!

Capítulo 3.

1. Ch'an Tsin perguntou a Mencius, dizendo: 'Anteriormente, quando estavas em Ch'î, o rei enviou-te um presente de 2.400 taels de prata fina, e tu recusaste aceitar. Quando esteve em Sung, foram-lhe enviados 1.680 taels, que aceitou; e quando esteve em Hsieh, foram-lhe enviados 1.200 taels, que também aceitou. Se a recusa de aceitar o presente no primeiro caso estava certa, aceitá-lo no segundo caso estava errado. Se a aceitação nos últimos casos estava certa, a recusa em aceitá-la no primeiro caso estava errada. Deve aceitar, Mestre, uma destas alternativas.

2. Mencius disse: "Eu fiz bem em todos os casos.

3. "Quando estava em Sung, estava a fazer uma longa viagem. Os viajantes devem ter o que necessitam para as suas despesas. A mensagem do príncipe era: "Um presente para despesas de viagem". Porque deveria ter recusado o presente?

4. "Quando estive em Hsieh, temi pela minha segurança e tomei medidas para a minha protecção. A mensagem era: "Ouvi dizer que está a tomar medidas para se proteger e enviar isto para o ajudar a obter armas". Porque deveria ter recusado o presente?

5. "Mas quando estava em Ch'i, não tinha necessidade de dinheiro. Enviar um presente a um homem quando ele não tem ocasião de o fazer é suborná-lo. Como é possível que um homem superior seja levado com um suborno'?

Capítulo 4.

1. Mencius tendo ido a P'ing-lû, dirigiu-se ao governador do mesmo, dizendo: "Se um dos seus lanceiros perdesse o seu lugar nas fileiras três vezes num dia, matá-lo-ia, senhor, ou não? ?' 'Eu não esperaria três vezes para o fazer', foi a resposta.

2. Mencius disse: "Bem, o senhor também perdeu muitas vezes o seu lugar nas fileiras. Nos anos de calamidades e fome, os velhos e fracos do vosso povo, que foram encontrados deitados nas valas e canais de água, e os saudáveis, que foram espalhados pelos quatro distritos, contaram vários milhares". O governador respondeu: "Este é um estado de coisas em que não me compete a mim, Chühsin, agir",

3. "Aqui", disse Mencius, "há um homem que se encarrega do gado bovino e ovino de outro, e se compromete a alimentá-los para ele, deve procurar pasto e ervas para eles. Se, depois de os procurar, não os encontrar, irá devolver o seu fardo ao proprietário? Ou será que ele vai ficar parado a vê-los morrer?" "Nisto", disse o funcion4. Outro dia Mencius teve uma audiência com o rei e disse-lhe: "Dos governadores das cidades de Vossa Majestade conheço cinco, mas o único deles que reconhece os seus defeitos é K'ung Chü-hsin. Depois repetiu a conversa ao rei, que disse: "Neste assunto, eu sou o culpado".

Capítulo 5.

1. Mencius disse a Ch'î Wâ: 'Parecia haver razões para ele

recusar o cargo de governador de Ling-ch'iû e solicitar a nomeação de juiz penal principal, porque este último cargo lhe daria a oportunidade de exprimir a sua opinião. Já passaram vários meses, e ainda não encontrou nada para ele falar?

2. sobre isto, Ch'î Wâ protestou contra alguns negócios com o rei e, não sendo aceite o seu conselho, renunciou ao seu cargo e foi-se embora.

3. O povo de Ch'î disse: 'No curso que ele marcou para Ch'î Wâ ele fez bem, mas não sabemos quanto ao curso que ele prossegue para si próprio'.

4. O seu discípulo Kung-tû disse-lhe estas observações.

5. Mencius disse: "Ouvi dizer que aquele que está à frente de um escritório, quando é impedido de desempenhar as suas funções, deve partir, e que aquele sobre quem recai a responsabilidade de dar a sua opinião, quando encontra as suas palavras desatendidas, deve fazer o mesmo. Mas não sou responsável por nenhum cargo; não é meu dever expressar a minha opinião: não posso, portanto, agir livremente e sem qualquer restrição, seja para avançar ou para me retirar?

Capítulo 6.

1. Mencius, ocupando a posição de um alto dignitário em Ch'î, foi numa missão de condolências a T'ang. O rei também enviou Wang Hwan, o governador de Kâ, como assistente do comissário. Wang Hwan serviu Mencius de manhã e à noite, que, até T'ang e de volta, nunca lhe falou sobre os assuntos da sua missão.

2. Kung-sun Ch'âu, disse a Mencius, "A posição de um alto dignitário de Ch'î não é pequena; a estrada de Ch'î para T'ang não é curta. Como foi que durante todo o caminho de ida e volta, nunca falaste com Hwan sobre os assuntos da tua missão"? Mencius respondeu: "Havia os funcionários adequados para cuidar deles. Que ocasião tive eu de lhe falar sobre eles"?

Capítulo 7.

1. Mencius foi de Ch'î para Lû para enterrar a sua mãe. No seu regresso a Ch'î, parou em Ying, onde Ch'ung Yü implorou para lhe fazer uma pergunta e disse: "Anteriormente, ignorando a minha incompetência, contratou-me para supervisionar a confecção do caixão. Como foi então pressionado pela urgência do assunto, não me atrevi a fazer-lhe perguntas. Agora, porém, desejo tomar a liberdade de apresentar o assunto. Parecia-me que a madeira do caixão era demasiado boa. ário, "sou culpado".

2. Mencius respondeu: "Nos tempos antigos, não havia nenhuma regra para o tamanho do caixão interior ou exterior. Na antiguidade média, o caixão interior tinha sete polegadas de espessura e o caixão exterior era o mesmo. Isto foi feito por todos, desde os soberanos aos povos comuns, e não apenas pela beleza da aparência, mas porque satisfez os sentimentos naturais dos seus corações.

3. "Se os regulamentos legais os impedem de fazer os seus caixões desta forma, os homens não podem ter o sentimento de prazer. Se não têm dinheiro para os fazer desta forma, não podem ter a sensação de prazer. Quando não eram impedidos, e tinham o dinheiro, todos os antigos usavam este estilo. Porque não o faria eu sozinho?

4. Além disso, não satisfaz os sentimentos naturais de um homem impedir que a terra se aproxime dos corpos dos seus mortos?

5. "Ouvi dizer que o homem superior não será mesquinho para nada no mundo com os seus pais".

Capítulo 8.

1. Shan T'ung, por sua própria iniciativa, perguntou a Mencius: "Pode o iene ser atacado?" Mencius respondeu: "Pode. Tsze-k'wâi não tinha o direito de dar iene a outro homem, e Tsze-chih não tinha o direito de receber iene de Tsze-k'wâi. Suponha que estava aqui um ministro, com quem o senhor

estava satisfeito e que, sem informar o rei, lhe daria em privado o seu salário e posto; e suponha que este alto funcionário, também sem as ordens do rei, os receberia em privado de si, seria tal transacção permitida? E onde está a diferença entre o caso do iene e este?

2. O povo de Ch'î atacou o iene. Alguém perguntou a Mencius: "É realmente verdade que aconselhou Chi a invadir o Yen?" Ele respondeu: "Não. Shan T'ung perguntou-me se o Yen podia ser tomado, e eu respondi: "Ele pode". Aí eles foram e atacaram-no. Se ele me tivesse perguntado. "Quem pode invadi-lo?" eu teria respondido, "Aquele que é o ministro dos Céus, pode magoá-lo". Suponha o caso de um assassino, e perguntam-me: "Pode este homem ser executado? Responderei: "Ele pode". Se me perguntarem. "Quem pode matá-lo?" Responderei: "O juiz penal principal pode condená-lo". Mas agora, com um iene para atacar outro iene..: - como é que eu deveria ter-vos aconselhado isto?

Capítulo 9.

1. O povo de Yen tendo-se revoltado, o rei de Ch'î disse: 'Sinto-me muito envergonhado quando penso em Mencius'.

2. Ch'an Chiâ disse-lhe: 'Não se entristeça, Vossa Majestade. Vossa Majestade considera-se a si mesmo ou Châu-kung o mais benevolente e sábio? O rei respondeu: 'Oh, que palavras são essas? O duque de Châu,' disse Chiâ, 'nomeou Kwan-shû para supervisionar o herdeiro de Yin, mas Kwan-shû com o poder do Estado de Yin rebelou-se. Se, sabendo que isto iria acontecer, ele nomeou Kwan-shû, faltava-lhe benevolência. Se o nomeou, não sabendo que isso aconteceria, ele era deficiente em conhecimentos. Se o Duque de Châu não foi completamente benevolente e sábio, quanto menos se pode esperar que Sua Majestade o seja! Peço-lhe que vá a Mencius e alivie Sua Majestade desse sentimento.

3. Ch'an Chiâ viu Mencius e perguntou: 'Que tipo de homem era o duque de Châu', 'Um antigo sábio', foi a resposta:

'Será o facto de ele ter nomeado Kwan-shû para superintender o herdeiro de Yin, e de Kwan-shû com o Estado de Yin se ter rebelado?' 'É isso mesmo'. 'Será que o duque de Châu. sabia que se iria rebelar, e será que o nomeou propositadamente para aquele cargo?' Mencius disse: 'Eu não o sabia'. Depois, embora fosse um homem sábio, caiu em erro. O duque de Châu', respondeu Mencius, 'era o irmão mais novo'. Kwan-shû era o seu irmão mais velho. Não foi o erro de Châu-kung de acordo com o que está certo?

4. "Além disso, quando os homens superiores de outrora tinham erros, eles reformaram-nos. Os homens superiores da época actual, quando têm erros, persistem neles. Os erros dos homens superiores de outrora eram como eclipses do sol e da lua. Todo o povo os viu, e quando os tinham reformado, todo o povo olhou para eles com a sua antiga admiração. Mas será que os homens superiores de hoje só persistem nos seus erros? Continuam a pedir desculpa por eles da mesma forma.

Capítulo 10.

1. Mencius renunciou ao seu cargo e tomou providências para regressar ao seu estado natal.

2. O rei veio visitá-lo e disse: "Anteriormente, desejava ver-vos, mas em vão. Depois tive a oportunidade de estar ao vosso lado, e toda a minha corte se regozijou muito comigo. Agora está a deixar-me novamente e a regressar a casa. Não sei se posso esperar ter outra oportunidade de vos ver. Mencius respondeu: "Não me atrevo a pedir autorização para vos visitar em qualquer altura em particular, mas, de facto, é esse o meu desejo.

3. Outro dia, o rei disse ao oficial xiita: "Desejo dar a Mencius uma casa, algures no meio do reino, e apoiar os seus discípulos com uma mesada de 10.000 chung, para que todos os funcionários e pessoas comuns possam ter tal exemplo para reverenciar e imitar. Não seria melhor dizer-lhe isto por mim?

4. Shih aproveitou a oportunidade para transmitir esta

mensagem através do discípulo Ch'an, que relatou as suas palavras a Mencius.

5. Mencius disse: 'Sim; mas como é que o oficial Shih soube que a coisa não podia ser? Suponha que ele desejava ser rico, tendo anteriormente recusado 100.000 chung, aceitar 10.000 agora seria a conduta de quem deseja riqueza?

6. 'Chî-sun disse: "Um homem estranho era Tsze-shû Î. Propôs-se ao serviço do governo. O seu príncipe recusou-se a empregá-lo, pelo que teve de se reformar, mas voltou a planear que o seu filho, ou irmão mais novo, se tornasse um alto funcionário. Quem é o único homem que deseja riquezas e honras? Mas só ele, entre os que o procuraram, procurou monopolizar um tal evento.

7. "Antigamente, os comerciantes trocavam os artigos que tinham por outros que não tinham, e simplesmente tinham certos oficiais para manter a ordem entre eles. Aconteceu que havia um sujeito mau, que se propôs a procurar, saiu à procura de um monte visível e subiu sobre ele. A partir daí, ele olhou para a direita e para a esquerda, para apanhar na sua rede todo o lucro do mercado. Todos pensavam que a sua conduta era má e, por isso, procedeu à tributação dos seus produtos. A tributação dos mercadores surgiu a partir deste companheiro mau".

Capítulo 11.

1. Mencius, após despedir-se de Ch'î, passou a noite em Châu.

2. Uma pessoa que desejava prendê-lo em nome do rei subiu, sentou-se e começou a falar com ele. Mencius não lhe respondeu, mas encostou-se de novo ao seu banco e adormeceu.

3. O visitante ficou descontente e disse: "Passei a noite em vigília cuidadosa, antes de me aventurar a falar consigo, e você, Mestre, dorme e não me ouve. Permita-me solicitar-lhe que não presuma voltar a vê-lo. Mencius respondeu: "Senta-te, e explicar-te-ei o caso claramente. Anteriormente, se o Duke Mû

não tivesse mantido uma pessoa ao lado de Tsze-sze, não poderia ter induzido Tsze-sze a permanecer com ele. Se Hsieh Liû e Shan Hsiang não tivessem tido um recordador ao lado do Duque Mû, ele não os poderia ter feito sentir-se em casa e permanecer com ele.

4. "Ansiosamente fazes planos com referência a mim, mas não me tratas como Tsze-sze foi tratado. És tu, senhor, quem me cortou? Ou sou eu quem te cortou?

Capítulo 12.

1. Quando Mencius deixou Ch'î, Yin Shih falou dele a outros, dizendo: 'Se ele não sabia que o rei não podia tornar-se T'ang ou Wû, mostrou a sua falta de inteligência. Se ele sabia que não podia ser, e veio apesar de tudo, isso mostra que procurou o seu próprio benefício. Viajou mil mentiras para servir o rei; porque não encontrou nele um governante que lhe conviesse, tirou a sua licença, mas como a sua partida foi lenta e lenta, parando três noites antes de deixar Châu! Estou insatisfeito por causa disto.

2. O discípulo Kâo informou Mencius sobre estas observações.

3. Mencius disse: 'Como Yin Shih deveria conhecer-me! Quando fui mil mentir para servir o rei, foi o que desejei fazer. Quando parti porque não encontrei nele uma régua que me conviesse, foi isso que desejei fazer? Senti-me compelido a fazê-lo.

4. "Quando parei três noites antes de deixar Châu, na minha mente ainda considerei a minha partida rápida. Esperava que o rei pudesse mudar. Se o rei tivesse mudado, teria certamente lembrado de mim.

5. "Quando deixei Châu, e o rei não tinha mandado chamar-me, então, e não até então, a minha mente estava determinada a regressar a Tsâu. Mas, apesar disso, como se pode dizer que eu renuncio ao rei? Afinal de contas, o rei é

alguém que pode ser obrigado a fazer o bem. Se eu estivesse empregado, seria apenas para a felicidade do povo de Ch'î? Seria para a felicidade do povo de todo o reino. Espero que o rei mude. Diariamente espero que isto.

6. "Sou como um dos vossos mesquinhos? Protestarão com o seu príncipe, e o seu protesto não sendo aceite, ficarão zangados; e, com paixão manifestada no seu semblante, partem e viajam com todas as suas forças durante um dia inteiro, antes de pararem para passar a noite'.

7. Quando Yin Shih ouviu esta explicação, disse: "Eu sou de facto um homem pequeno".

Capítulo 13.

1. Quando Mencius deixou Ch'î, Ch'ung Yü interrogou-o na estrada, dizendo: "Mestre, pareces aquele que usa um ar de insatisfação no seu rosto. Mas antes disso ouvi-vos dizer: "O homem superior não murmura contra o Céu, nem guarda rancor contra os homens".

2. Mencius disse: "Isso foi uma vez, e esta é outra".

3. "É uma regra, que um verdadeiro soberano real deve surgir no decurso de quinhentos anos, e que durante esse tempo deve haver homens ilustres na sua geração.

4. "Desde o início da dinastia Châu até agora, decorreram mais de setecentos anos. A julgar numericamente, a data já passou. Examinando o carácter do tempo presente, podemos esperar o aparecimento de tais indivíduos no mesmo.

5. "Mas o Céu ainda não deseja que o reino goze de tranquilidade e boa ordem. Se eu o desejasse, quem está lá além de mim para o perceber? Como poderia estar senão insatisfeito?

Capítulo 14.

1. quando Mencius saiu de Ch'î, ele habitou em Hsiû. Aí o Kung-sun Ch'âu perguntou-lhe, dizendo: 'Era costume dos

antigos ocuparem cargos sem salário?

2. Mencius respondeu: 'Não; quando vi o rei pela primeira vez em Ch'ung, tencionava partir ao reformar-me da entrevista. Como não pretendia alterar esta intenção, recusei receber qualquer salário.

3) "Imediatamente a seguir, a ordem veio para reunir as tropas, quando teria sido impróprio para mim pedir permissão para partir. Mas ficar tanto tempo na Ch'î não era o meu objectivo".

O Livro de Mencius

Livro 3, Parte 1: Tang Wan Kung

Capítulo 1.

1. Quando o príncipe, depois Duque Wan de T'ang, teve de ir a Ch'û, passou por Sung e visitou Mencius.

2. Mencius deu-lhe lições sobre como a natureza do homem é boa, e quando ele falava, fazia sempre referência elogiosa a Yâo e Shun.

3. Quando o príncipe regressava de Ch'û, ele visitou novamente Mencius. Mencius disse-lhe: 'Príncipe, duvidas das minhas palavras? O caminho é um, e apenas um.

4 'Ch'ang Chi'en disse ao duque rei de Ch'î: "Eram homens. Yen Yüan disse: "Que tipo de homem era o Shun? Que tipo de homem sou eu? Aquele que se esforça tornar-se-á também o que era". Kung-Ming Î disse: "O Rei Wan é o meu mestre. Como deveria o Duque de Châu enganar-me com tais palavras"?

5. "Agora, T'ang, tomando o seu comprimento pela sua largura, terá uma área, suponho eu, de cinquenta lî. É pequeno, mas ainda assim suficiente para fazer um bom Estado. Diz-se no Livro da História: "Se o medicamento não agitar uma comoção no paciente, a sua doença não será curada por ele".

Capítulo 2.

1. Quando o Duque Ting de T'ang morreu, o príncipe disse a Yen Yû: 'Anteriormente, Mencius falou comigo em Sung, e na minha mente nunca esqueci as suas palavras. Agora, infelizmente! este grande dever para com o meu pai repousa sobre mim; desejo enviar-vos para pedir o conselho de Mencius, e depois prosseguir para os seus vários serviços.

2. Aí, Zan Yû foi a Tsâu e consultou Mencius. Mencius disse: 'Não é bom? No cumprimento das obrigações funerárias para com os pais, os homens sentem-se obrigados a fazer o seu melhor para lhes fazer as honras correspondentes. O filósofo Tsang disse: "Quando os pais estão vivos, devem ser cuidados de acordo com o decoro; quando estão mortos, devem ser enterrados de acordo com o decoro; e devem ser feitos sacrifícios de acordo com o decoro: isto pode ser chamado de piedade filial". . "As cerimónias a serem observadas pelos príncipes não aprendi, mas já ouvi estes pontos: - "que os três anos de luto, o vestido de pano grosseiro com a sua borda inferior uniforme, e a ingestão de congee, foram igualmente prescritos pelas três dinastias, e vinculativos para todos, desde o soberano até à massa do povo".

3. Zan Yû relatou a execução da sua comissão, e o príncipe determinou que o luto de três anos deveria ser observado. Os seus parentes idosos, e o corpo dos funcionários, não o desejavam, e disseram: "Os antigos príncipes de Lû, aquele reino que nós honramos, nenhum deles observou esta prática, nenhum dos nossos próprios antigos príncipes a observou. Não é correcto que aja contrariamente ao seu exemplo. Além disso, a História diz: "Nas observâncias de luto e sacrifício, deve-se seguir os antepassados", o que significa que receberam estas coisas de uma fonte adequada para as transmitir.

4. O príncipe disse novamente a Zan Yû: "Até agora, não me entreguei à procura da aprendizagem, mas encontrei o meu prazer na equitação e no exercício com a espada, e agora não estou à altura dos desejos dos meus parentes e funcionários idosos. Receio não poder cumprir o meu dever nesta missão; consulte novamente o Mencius por mim. Sobre isto, Zan Yû foi novamente a Tsâu e consultou Mencius. Mencius disse: "É assim, mas ele pode não procurar um remédio nos outros, mas apenas em si próprio. Confúcio disse: "Quando um príncipe morre, o seu sucessor confia a administração ao primeiro-ministro. Ele bebe o congee. O seu rosto é profundamente negro. Ele aproxima-se do local de luto e chora. De todos os oficiais inferiores e ministros lá", não há ninguém que presuma

não participar no luto, ele deu-lhes este exemplo. O que o superior ama, será encontrado no que os seus inferiores amam. A relação entre superiores e inferiores é como a do vento e da relva. A relva deve dobrar-se quando o vento sopra sobre ela. "O assunto depende do príncipe.

5. Zan Yû regressou com esta resposta à sua acusação, e o príncipe disse: "Assim é. Na verdade, o assunto é comigo. Assim, ficou cinco meses no barracão, sem dar ordem ou admoestação. Todos os oficiais e os seus familiares disseram: "Podeis dizer que ele compreende as cerimónias". Quando chegou o momento do enterro, vieram de todas as partes do Estado para o testemunhar. Aqueles que tinham vindo de outros Estados para simpatizar com ele, estavam muito satisfeitos com o profundo desânimo do seu rosto e a tristeza do seu lamento e choro.

Capítulo 3.

1. O Duque Wan de T'ang perguntou a Mencius sobre a forma adequada de governar um reino.

2. Mencius disse: "Os assuntos do povo não podem ser negligenciados. É dito no Livro de Poesia,

"À luz do dia, vá e recolha a relva,
e à noite torcer as suas cordas;
depois subir rapidamente para os telhados;
temos de começar a semear novamente o grão em breve".

3. "O caminho do povo é este: - Se tiverem um certo sustento, terão um bom coração; se não tiverem um certo sustento, não terão um bom coração. Se não tiverem um bom coração, não há nada que não façam no caminho do auto-abandono, do desvio moral, da depravação e da devassidão selvagem. Quando nesse estado estiveram envolvidos em crimes, sigam-nos e castiguem-nos: - Como se pode fazer uma coisa como prender o povo sob o domínio de um homem benevolente?

4. Portanto, um governante dotado de talentos e virtudes será muito amável e austero, demonstrará uma cortesia respeitosa para com os seus ministros, e tirará do povo apenas de acordo com limites regulados.

5. 'Yang Hû disse: "Aquele que procura ser rico não será benevolente. Aquele que deseja ser benevolente não será rico".

6. "O governante da dinastia Hsiâ promulgou o subsídio de cinquenta mâu e o pagamento de um imposto. O fundador do Yin decretou o subsídio de setenta mâu e o sistema de ajuda mútua. O fundador de Châu promulgou o subsídio de cem mâu e o sistema de acções. Na verdade, o que foi pago em todos estes foi um dízimo. O sistema de partilha significa divisão mútua. O sistema de ajuda significa dependência mútua.

7 "Lung disse: "Para regular a terra, não há melhor sistema do que o da ajuda mútua, e nenhum que não seja melhor do que o da tributação. Pelo sistema de tributação, o montante regular foi fixado tomando a média de vários anos". Em anos bons, quando os cereais estão em abundância, muito pode ser tomado sem ser opressivo, e a taxa real seria pequena. Mas em anos maus, quando os produtos não são suficientes para reembolsar a estrumação dos campos, este sistema ainda exige a retirada da totalidade do montante. Quando o pai do povo faz com que o povo tenha olhares de angústia e, após todo o ano de trabalho de parto, incapaz de alimentar os pais, para que estes procedam ao empréstimo para aumentar os seus recursos, até que os velhos e as crianças sejam encontrados deitados nas valas e canais de água: - onde, nesse caso, está a sua relação paterna com o povo?
"

8. "Quanto ao sistema de salários hereditários, isso já é observado em T'ang.

9: "É dito no Livro de Poesia,

"Que a chuva caia sobre o nosso campo público,

e depois sobre os nossos campos privados"!

É apenas no sistema de ajuda mútua que existe um campo público, e a partir desta passagem percebemos que mesmo na dinastia Châu este sistema tem sido reconhecido.

10. "Estabelecer hsiang, hsü, hsio e hsiâo, todas essas instituições educacionais, para a instrução do povo. O nome hsiâo indica a educação como seu objecto; hsiâo, indica o ensino; e hsü indica o tiro com arco e flecha. Durante a dinastia Hsiâo foi utilizado o nome hsiâo; para Yin, hsü; para Châu, hsiang. Quanto aos Hsio, pertenciam às três dinastias, daí o nome. O objectivo de todas elas é ilustrar as relações humanas. Quando os superiores os ilustrarem desta forma, o sentimento de bondade prevalecerá entre o povo humilde.

11. "Se um verdadeiro governante surgir, ele certamente virá e tomará de si um exemplo; e assim você será o professor do verdadeiro governante.

12. Diz-se no Livro de Poesia,

"Embora Châu fosse um país antigo,
recebeu um novo destino.

Isto é dito com referência ao Rei Wan. Pratica estas coisas com vigor, e por elas também farás um novo reino".

13. Posteriormente, o duque enviou Pî Chan para consultar Mencius sobre o sistema de nove quadrados de divisão da terra. Mencius disse-lhe: "Uma vez que o seu príncipe, desejando pôr em prática um governo benevolente, deve esforçar-se ao máximo neste esforço. Agora, a primeira coisa que um governo benevolente deve fazer é estabelecer os limites. Se os limites não forem devidamente definidos, a divisão das terras em quadrados não será igual e a produção disponível para salários não será distribuída uniformemente. Por esta razão, governantes opressivos e ministros impuros irão certamente negligenciar esta definição de fronteiras. Quando os limites tiverem sido devidamente definidos, a divisão dos campos e a

regulamentação dos lotes pode ser determinada por si, sentado à sua vontade.

14. "Embora o território de T'ang seja estreito e pequeno, deveria haver nele homens de aprendizagem superior, e nele deveriam existir cidadãos honestos. Se não houvesse homens de aprendizagem superior, não haveria nenhum para governar os cidadãos. Se não houvesse cidadãos, não haveria nenhum para apoiar os homens de ensino superior.

15. Peço-vos, nos distritos mais remotos, observando a divisão dos nove quadrados, que ponham de lado uma divisão para cultivo no sistema de ajuda mútua, e nas partes mais centrais do reino, que façam o povo pagar um décimo da sua produção.

16. "Dos mais altos aos mais baixos funcionários, cada um deve ter o seu campo sagrado, constituído por cinquenta mâu.

17. "Que as famílias supranumerárias tenham os seus vinte e cinco mâu.

18. "Em caso de morte ou transferência de uma casa para outra, não deve haver saída do distrito. Nos campos de um distrito, os que pertencem às mesmas nove praças emprestam uns aos outros todos os escritórios amigáveis para sair e entrar, ajudam uns aos outros na guarda e guarda e apoiam-se mutuamente na doença. Assim, as pessoas são levadas a viver em afecto e harmonia.

19. 'Um li quadrado cobre nove quadrados de terra, contendo novecentos mâu. A praça central é o campo público, e oito famílias, cada uma com as suas cem mâu privadas, cultivam o campo público em comum. E até que a obra pública esteja concluída, não podem presumir atender aos seus assuntos privados. Assim, distinguem-se os cidadãos de ensino superior.

20. "Estas são as características do sistema. Felizmente, a sua modificação e adaptação depende do príncipe e de si".

Capítulo 4.

1. Chegou a T'ang de Ch'û, Hsü Hsing, que disse ter agido de acordo com as palavras de Shan-nang. Lá foi à residência do Duque Wan, dizendo: "Um homem de uma região distante ouviu dizer que você, príncipe, está a praticar um governo benevolente, e eu desejo receber um terreno para uma casa e tornar-me um dos seus. O Duque Wan deu-lhe uma casa. Os seus discípulos, numerando várias dúzias, todos usavam roupa não curtida, faziam sandálias de cânhamo e teciam tapetes para ganhar a vida.

2. Ao mesmo tempo, Ch'an Hsiang, um discípulo de Ch'an Liang, e o seu irmão mais novo, Hsin, carregando as suas charruas, vieram de Sung para T'ang, dizendo: 'Ouvimos dizer que tu, Príncipe, estás a pôr em prática a regra dos antigos sábios, mostrando que também tu és um sábio. Desejamos tornar-nos os sábios".

3. Quando Ch'an Hsiang viu Hsü Hsing, ficou muito satisfeito com ele e, abandonando inteiramente tudo o que tinha aprendido, tornou-se seu discípulo. Tendo tido uma entrevista com Mencius, relacionou com ele com aprovação as palavras de Hsü Hsing com o seguinte efeito: "O príncipe de T'ang é de facto um príncipe digno. Ainda não ouviu, contudo, as verdadeiras doutrinas da antiguidade. Agora, os príncipes sábios e capazes devem cultivar a terra igualmente e juntamente com o seu povo, e comer o fruto do seu trabalho. Devem preparar as suas próprias refeições, de manhã e à noite, enquanto ao mesmo tempo prosseguem com o seu governo. Mas agora, o príncipe de T'ang tem os seus celeiros, tesouros e arsenais, o que é uma opressão do povo para se alimentar. Como pode ele ser considerado um príncipe verdadeiramente digno?

4. Mencius disse: 'Suponho que Hsü Hsing semeia cereais e come os produtos. Não é assim?' 'É assim,' foi a resposta. 'Suponho que ele também tece e usa a sua própria roupa, não usa?' 'Não. Hsü usa roupa de pano de cabelo' 'Ele usa boné?' 'Não. Hsü usa roupa de pano de cabelo'. Ela usa um boné?' 'Ela usa um boné' 'Que tipo de boné? Uma "tampa simples". Porque

é que Hsü não o tricotou ele próprio? Não, ele próprio o recebe em troca de grãos. "A Hsü cozinha a sua comida em chaleiras e panelas de barro? Sim, "ele próprio faz esses artigos, não. Ele recebe-os em troca de cereais. Recebe-os em troca de cereais.

5. Mencius disse então: "O facto de obter esses artigos em troca de cereais, não é opressivo para o oleiro, e a fundição, por sua vez, ao trocar os seus vários artigos por cereais, não oprime o agricultor. Como poderia tal coisa ser suposta? Além disso, porque é que Hsü não age como oleiro e fundidor, fornecendo a si próprio os artigos que utiliza do seu próprio estabelecimento? Porque é que se envolve em negociações e trocas com os artesãos? Porque é que não se poupa a tantos problemas? Ch'an Hsiang respondeu: "O negócio do artesão não pode de forma alguma ser levado a cabo em conjunto com o negócio da agricultura".

6. Mencius continuou: "Então o governo do reino é o único que pode ser levado a cabo juntamente com a prática da agricultura? Os grandes homens têm o seu próprio negócio, e os pequenos homens têm o seu próprio negócio. Além disso, no caso de um único indivíduo, quaisquer que sejam os artigos que ele possa necessitar, estão ao seu alcance, sendo produzidos pelos vários artesãos: se ele tiver de os fazer primeiro para seu próprio uso, esta forma de fazer manteria todas as pessoas a correr pelas estradas. Por isso, existe um ditado: "Alguns trabalham com a mente, e outros com a força. Aqueles que trabalham com a sua mente governam os outros; aqueles que trabalham com a sua força são governados por outros. Aqueles que são governados por outros apoiam-nos; aqueles que governam os outros são apoiados por eles". Este é um princípio universalmente reconhecido.

7. "No tempo de Iâo, quando o mundo ainda não tinha sido perfeitamente reduzido à ordem, as vastas águas, fluindo para fora das suas causas, provocaram uma inundação universal. A vegetação era luxuriante, e as aves e as feras invadiram a vegetação. Os vários tipos de grãos não podiam ser cultivados. Aves e bestas pressionadas sobre os homens. Caminhos

marcados pelos pés de bestas e pelos rastos de aves atravessaram todo o Reino do Meio. Isto por si só causou angústia a Yâo. Elevou Shun ao seu cargo, e foram tomadas medidas para regular a desordem. Shun confiou a Yî a direcção do uso do fogo, e Yâo ateou fogo e consumiu as florestas e a vegetação nas montanhas e nos pântanos, para que as aves e os animais fugissem para se esconderem. Yü separou os nove rios, limpou os cursos do Tsî e do T'â, e levou-os todos para o mar. Abriu uma saída também para o Zû e o Han, e regulamentou o curso do Hwâ'i e do Sze, de modo a que todos eles fluissem para o Chiang. Isto tornou possível ao povo do Reino do Meio cultivar a terra e obter alimentos para si próprio. Durante esse tempo, Yü esteve oito anos longe de casa, e embora tenha passado a porta da sua casa três vezes, não entrou. Embora tivesse querido cultivar a terra, poderia tê-lo feito?

8. "O ministro da agricultura ensinou ao povo como semear e colher, cultivando os cinco tipos de grãos. Quando os cinco tipos de grãos amadureceram, todas as pessoas obtiveram a subsistência. Mas os homens possuem uma natureza moral; e se estiverem bem alimentados, abrigados e confortavelmente alojados, sem serem ensinados ao mesmo tempo, tornam-se quase como animais. O sábio Shun estava muito preocupado com este assunto e nomeou Hsun para tomar conta dele. Shun nomeou Hsieh como ministro da instrução, para ensinar as relações da humanidade: como deve haver entre pai e filho; entre soberano e ministro, justiça; entre marido e mulher, atenção às suas funções separadas; entre velho e jovem, ordem própria; e entre amigos, fidelidade. O sumo soberano disse-lhe: "Encoraja-os; conduze-os, corrige-os, endireita-os, ajuda-os, dá-lhes asas para que se tornem senhores de si mesmos. Então continuem a fazê-lo, estimulando-os e conferindo-lhes benefícios". Quando os sábios cuidaram do povo desta forma, tiveram tempo para cultivar a terra?

9. O que Yâo sentiu deu-lhe ansiedade foi que ele não conseguiu o que Shun conseguiu. O que Shun sentiu que lhe dava ansiedade não era receber o que Yü e Kâo Yâo, cuja ansiedade, se não for devidamente cultivada, então trata-se de

um mero lavrador.

10. "Distribuir por um homem a outros a sua riqueza, é chamado "bondade". Para ensinar aos outros o que é bom, chama-se "o exercício da fidelidade". Encontrar um homem que irá beneficiar o reino chama-se "benevolência". Portanto, dar o trono a outro homem seria fácil; é difícil encontrar um homem que beneficie o reino.

11: "Confúcio disse: "Grande era de facto Yâo como soberano. Só o Céu é que é grande, e só Yâo lhe correspondeu. Quão vasta era a sua virtude! As pessoas não conseguiam encontrar um nome para ele. O príncipe era de facto Shun! Como ele era majestoso, tendo a posse do reino, e no entanto como se nada fosse para ele. No seu governo do reino, não houve assuntos em que Yâo e Shun não empregaram as suas mentes? Havia sujeitos, só que não empregavam a sua mente no cultivo da terra.

12. Já ouvi falar de homens que utilizam as doutrinas da nossa grande terra para mudar os hábitos dos bárbaros, mas nunca ouvi falar de nenhum ser mudado pelos bárbaros. Ch'an Liang era um nativo de Ch'û. Satisfeito com as doutrinas de Châu-kung e Cheng, veio para norte, para o Reino do Meio e estudou-as. Entre os estudiosos das regiões do norte, talvez não houvesse ninguém que o ultrapassasse. Era o que se chama um estudioso de altas e distintas qualidades. Você e o seu irmão seguiram-no durante algumas dezenas de anos, e quando o seu professor morreu, afastaram-se imediatamente dele.

13. Anteriormente, quando Confúcio morreu, após três anos, os seus discípulos juntaram a sua bagagem e prepararam-se para regressar às suas várias casas. Mas quando entraram para se despedirem de Tsze-kung, enquanto olhavam uns para os outros, lamentaram, até que todos perderam as suas vozes. Depois disto, regressaram às suas casas, mas Tsze-kung voltou e construiu uma casa para si no chão do altar, onde viveu apenas mais três anos, antes de regressar a casa. Numa outra ocasião, Tsze-hsiâ, Tsze-chang e Tsze-yû, pensando que Yû Zo se assemelhava ao sábio, quiseram pagar-lhe as mesmas

observâncias que tinham pago a Confúcio. Eles tentaram forçar o discípulo Tsang a juntar-se a eles, mas ele disse: "Isto não pode ser feito. Aquilo que foi lavado nas águas de Chiang e Han, e branqueado pelo sol de Outono: Como é brilhante! Nada lhe pode ser acrescentado.

14. "Agora aqui está este bárbaro do sul com a língua de um grito, cujas doutrinas não são as dos antigos reis. Afasta-se do seu mestre e torna-se seu discípulo. A sua conduta é certamente diferente da do filósofo Tsang.

15. Ouvi falar de pássaros que saíam dos vales escuros para se deslocarem para as árvores altas, mas não ouvi falar deles a descer das árvores altas para entrar nos vales escuros.

16. Nas Canções de Louvor de Lû, diz-se,

"Ele derrotou os bárbaros do oeste e do norte,
castigou Ching e Shu".

Assim, Châu-kung teria a certeza de os atacar, e tu tornar-te-ias novamente seu discípulo; parece que a tua mudança não é boa'.

17. Ch'an Hsiang disse: "Se as doutrinas de Hsü fossem seguidas, então não haveria dois preços no mercado, nem qualquer engano no reino. Se uma criança de cinco côvados fosse enviada para o mercado, ninguém a impediria; linho e seda do mesmo comprimento teriam o mesmo preço. Assim seria com fardos de cânhamo e seda, sendo do mesmo peso; com os diferentes tipos de grãos, sendo iguais em quantidade; e com sapatos do mesmo tamanho".

18. Mencius respondeu: "É a natureza das coisas ser de qualidade desigual; algumas são duas vezes, umas cinco vezes, umas dez vezes, umas cem vezes, umas mil vezes, umas dez mil vezes mais valiosas do que outras. Se os reduzirmos a todos ao mesmo nível, o reino ficará confuso. Se sapatos grandes e sapatos pequenos tivessem o mesmo preço, quem os faria? Para que as pessoas sigam as doutrinas de Hsü seria necessário que levassem outros a praticar o engano. Como podem ser de

alguma utilidade para o governo de um Estado?

Capítulo 5.

1. O Maometrista, Î Chih, tentou, através de Hsü Pî, ver Mencius. Mencius disse: "Desejo certamente vê-lo, mas de momento ainda não estou bem. Quando estiver melhor, eu próprio irei vê-lo. Não precisa de voltar aqui.

2. No dia seguinte Î Chih viu Mencius novamente. Mencius disse: "Hoje posso receber-vos, mas se eu não corrigir os vossos erros, os verdadeiros princípios não serão totalmente evidentes. Deixe-me primeiro corrigi-lo. Ouvi dizer que você é um moicista. Agora Mo considera que na regulamentação dos assuntos funerários uma simplicidade escassa deveria ser a regra. Î pensa que com as doutrinas de Mo pode mudar os costumes do reino; como os considera como se estivessem errados, e não os honra? Apesar das suas opiniões, Î enterrou os seus pais de forma sumptuosa, e assim os serviu da forma que as suas doutrinas desdenham".

3. O discípulo Hsü informou Î destas observações. Î disse: "Mesmo de acordo com os princípios dos sábios, descobrimos que os antigos agiam para com o povo "como se estivessem a cuidar de um bebé". O que significa esta expressão? Parece-me que devemos amar todos sem diferenças de grau; mas a manifestação de amor deve começar pelos nossos pais. Hsü relatou esta resposta a Mencius, que disse: "Agora, achas mesmo que o afecto de um homem pelo filho do seu irmão é apenas como o afecto pelo filho de um vizinho? O que deve ser aprovado é que se uma criança rastejante pode cair num poço, é uma boa ideia, e não um crime na criança. Além disso, o Céu dá às criaturas de tal forma que elas têm uma raiz, e Î fá-las ter duas raízes. Esta é a causa do seu erro.

4. "E, nos tempos mais antigos, havia alguns que, quando os seus pais morreram, os apanharam e os atiraram para algum canal de água. Depois, quando passaram por eles, viram raposas e gatos selvagens a devorá-los, e moscas e gnats a mordê-los. A transpiração espalhar-se-ia pela testa e eles desviariam o olhar,

incapazes de suportar o espectáculo. Não foi por causa de outras pessoas que as emoções dos seus corações afectaram os seus rostos e olhos, e eles foram imediatamente para casa. e voltaram com cestos e pás e cobriram os corpos. Se a sua cobertura estava, de facto, correcta, podeis ver que o filho filial e o homem virtuoso, ao enterrar os seus pais de forma distinta, agem de acordo com uma regra própria".

5. O discípulo Hsü informou Î do que Mencius tinha dito. Î foi atencioso por um momento e depois disse: "Convenceu-me".

Livro 3. Parte 2: T'ang Wan Kung

Capítulo 1.

1. Ch'an Tâi disse a Mencius: "Ao não ir esperar por nenhum dos príncipes, parece-me que estás num pequeno ponto. Se agora fosse esperar pelos príncipes, o resultado poderia ser tão grande que tornaria um deles soberano. Ou, se fosse menor, que um deles se tornasse cabeça de todos os outros príncipes. Além disso, no livro de História diz: "Ao dobrar apenas um côvado, faz-se oito côvados a direito". Parece-me que isto é algo que poderia ser feito".

2. Mencius disse: "Nos tempos antigos, o Duque Ching de Ch'î, uma vez quando estava a caçar, chamou o seu guarda florestal com uma bandeira. O guarda florestal não viria, e o duque ia matá-lo. Com referência a este incidente, Confúcio disse: "O oficial resoluto nunca esquece que o seu fim pode estar numa vala ou num riacho; o corajoso oficial nunca esquece que pode perder a sua cabeça". O que havia no silvicultor que o Confucius aprovou assim? Aprovou que não fosse ver o duque, quando foi convocado porque não era próprio para ele. Se alguém vai ver príncipes sem esperar para ser convidado, o que é que se deve pensar dele?

3. "Além disso, essa frase, "Ao dobrar apenas um côvado, são feitos oito côvados rectos", é dita com referência ao ganho que pode ser feito. Se o ganho for o objecto, então, se este puder ser obtido dobrando oito côvados para fazer um côvado recto,

4. Nos tempos antigos, o oficial Châo Chien fez Wang Liang agir como charuto para o seu Hsî preferido, quando, no decurso de um dia inteiro, não conseguiram obter um único pássaro. O Hsî favorito relatou este resultado, dizendo: "Ele é o mais pobre dos charutos do mundo". Alguém disse isto a Wang Liang, que disse: "Peço permissão para tentar novamente". Por pressão, foi concedido, quando numa manhã receberam dez pássaros. O favorito, relatando este resultado, disse: "Ele é o melhor cocheiro do mundo". Chien disse: "Fá-lo-ei conduzir

sempre a sua carruagem por si". Contudo, quando disse a Wang Liang para o fazer, este recusou, dizendo: "Conduzi para ele, observando rigorosamente as regras de condução, e todo o dia não conduzi um único pássaro. Conduzi para ele para interceptar os pássaros por truque, e numa manhã ele conseguiu dez. É dito no Livro de Poesia,

"Não há culpa na manipulação dos seus cavalos;
As setas são descarregadas em segurança, como os golpes de um machado.
Não estou acostumado a conduzir por um homem mau.
Peço licença para recusar a acusação".

5. "Assim, este arqueiro tinha mesmo vergonha de se curvar indevidamente à vontade de tal arqueiro, embora ao fazer-lhe uma vénia, teriam apanhado aves e animais suficientes para formar uma colina, ele não o faria. Se eu me curvasse aos meus princípios e seguisse tais príncipes, que tipo de conduta seria a minha conduta? E está enganado. Nunca um homem que se tenha dobrado para si próprio foi capaz de endireitar os outros".

Capítulo 2.

1. Ching Ch'un disse a Mencius: 'Não são Kung-sun Yen e Chang Î homens realmente grandes? Que se zanguem uma vez, e todos os príncipes tenham medo. Deixem-nos viver tranquilamente, e as chamas dos problemas extinguir-se-ão em todo o reino".

2. Mencius disse: 'Como podem estes homens ser grandes homens? Não leu o Ritual Usages - "Ao coroar um jovem, o seu pai admoesta-o. No casamento de uma jovem, a sua mãe admoesta-a, acompanhando-a até à porta quando sai, e avisando-a com estas palavras: "Vais para casa. Deve ser respeitoso; deve ter cuidado. Não desobedecerás ao teu marido". Por conseguinte, considerar o cumprimento como a sua conduta correcta é a regra para as mulheres.

3. "Habitar na casa ampla do mundo, estar no lugar certo do

mundo, e caminhar no grande caminho do mundo; quando obtém o seu desejo de exercer cargos, de praticar os seus princípios para o bem do povo; e quando esse desejo é frustrado, de os praticar sozinho; de estar acima do poder das riquezas e das honras a dissipar, da pobreza e da mesquinhez a desviar-se dos princípios, e do poder e da força a dobrar-se: estas características constituem o grande homem.

Capítulo 3.

1. Châu Hsiâo perguntou a Mencius: 'Os homens superiores da antiguidade aceitaram o cargo? Mencius respondeu: 'Eles responderam. O Registo diz: "Se Confúcio passou três meses sem ser empregado por qualquer governante, estava ansioso e infeliz. Quando passou para além da fronteira de um Estado, estava certo de levar o seu próprio presente de apresentação". Kung-ming Î disse: "Entre os antigos, se um funcionário estivesse três meses desempregado por um régua, era-lhe dadas condolências".

2. Hsiâo disse: 'Será que esta condolência, estando três meses desempregado por um governante, mostra uma urgência demasiado grande?

3. Mencius respondeu: "A perda do seu posto para um funcionário é como a perda do seu estado para um príncipe. Diz-se no Livro dos Ritos: "Um príncipe lavra ele próprio, ajudado pelo povo, para fornecer o painço para os sacrifícios. A sua esposa mantém bichos-da-seda, e desenrola os seus casulos, para fazer o pano para as peças de roupa sacrificial". Se as vítimas não são perfeitas, o painço não é puro, e o vestido não está completo, ele não se atreve a sacrificar. "E o homem sábio que, fora do cargo, não tem campo sagrado, da mesma forma, não se sacrifica. Se as vítimas do sacrifício, os recipientes e o vestuário não estiverem completos, ele não se atreve a sacrificar, e então também não se pode atrever a sentir-se feliz". Não haverá também aqui motivos suficientes para simpatia? "

4. Hsiâo perguntou novamente: 'Qual era o significado de Confúcio sempre levando consigo o seu devido presente de

introdução quando ele atravessou as fronteiras do Estado em que tinha estado?

5. 'O facto de um funcionário estar em funções', foi a resposta, 'é como a charrua de um lavrador. O lavrador está separado da sua charrua porque vai de um Estado para outro?

6. Hsiâo prosseguiu: 'O reino de Tsin é um, como outros, de empregos oficiais, mas não ouvi falar de ninguém ser tão sincero ao aceitar um cargo. Se existe esta urgência, porque é que um homem superior tem dificuldade em aceitá-la? Mencius respondeu: "Quando nasce um filho, o que se deseja para ele é que tenha uma esposa; quando nasce uma filha, o que se deseja para ela é que tenha um marido. Este sentimento dos pais é partilhado por todos os homens. Se os jovens, sem esperar pelas ordens dos seus pais, e os arranjos dos intermediários, fizerem buracos para se verem uns aos outros, ou saltarem sobre o muro para estarem juntos, então os seus pais e todas as outras pessoas irão desprezá-los. Os antigos desejavam sempre estar no cargo, mas também detestavam estar no cargo de qualquer forma imprópria. Procurar um cargo de forma imprópria é de um tipo semelhante aos buracos utilizados pelos jovens".

Capítulo 4.

1. P'ang Kang perguntou a Mencius, dizendo: 'Não é um procedimento extravagante ir de um príncipe para outro e viver sobre eles, seguido de várias dezenas de carruagens e assistido por várias centenas de homens?' Mencius respondeu: 'Se não houver terreno adequado para o tomar, não se pode receber uma única chávena de arroz de bambu de um homem. Se existe um terreno tão apropriado, então Shun está a receber o reino de Yâo não deve ser considerado excessivo. Acha que foi excessivo?

2. Kang disse: "Não. Mas para um estudioso que não presta qualquer serviço para receber o seu apoio, apesar disso, é impróprio".

3. Mencius respondeu: "Se não houver intercomunicação dos produtos do trabalho, e uma troca dos serviços dos homens,

para que um possa fornecer com o seu excedente a deficiência de outro, então os lavradores terão um superfluidade de grãos, e as mulheres terão uma quantidade supérflua de tecido. Se uma troca deste tipo tiver lugar, os carpinteiros e os direitos de roda podem obter a sua comida de si. Aqui está um homem que, em casa, é filial, e no estrangeiro, respeitoso com os mais velhos; que vela pelos princípios dos antigos reis, à espera da ascensão dos futuros aprendizes: e, no entanto, recusa-se a apoiá-lo. Como é que dá honra ao carpinteiro e ao carpinteiro de rodas, e despreza aquele que pratica a benevolência e a retidão"?

4. P'ang Kang disse: "O objectivo do carpinteiro e do dramaturgo de rodas é ganhar a vida pelos seus ofícios. É também o objectivo do homem superior? O que tens de fazer", respondeu Mencius, "com o seu propósito? Ele está ao teu serviço. Ele merece ser apoiado, e deve ser apoiado. E deixe-me perguntar-lhe, para retribuir a intenção de um homem, ou para remunerar o seu serviço? Kang respondeu: 'Eu remunero a sua intenção'.

5. Mencius disse: 'Há aqui um homem que parte os seus azulejos e desenha figuras feias nas suas paredes; o seu objectivo pode ser o de procurar o seu sustento, mas será que o recompensará realmente?' 'Não', disse Kang; e Mencius concluiu então: 'Sendo esse o caso, não é o objectivo que você remunera, mas o trabalho feito.

Capítulo 5.

1. Wan Chang perguntou a Mencius, dizendo: 'Sung é um Estado pequeno. O seu governante propõe-se agora praticar um verdadeiro governo real, e Ch'î e Ch'û û o odeiam e o atacam. O que se deve fazer neste caso?

2 Mencius respondeu: "Quando T'ang habitou no Pó, juntou-se ao Estado de Ko, cujo chefe viveu num estado dissoluto e negligenciou os seus próprios sacrifícios. T'ang enviou mensageiros para perguntar porque não fez sacrifícios. Ele respondeu: "Não tenho os meios para fornecer as vítimas necessárias". T'ang mandou-lhe bois e ovelhas, mas comeu-os e

continuou a não se sacrificar. T'ang enviou novamente mensageiros para lhe fazerem a mesma pergunta que antes, quando ele respondeu: "Não tenho meios de obter o painço necessário". A isto, T'ang enviou a massa do povo do Pó para ir e cultivar a terra para ele, enquanto os anciãos e os fracos lhes trouxeram a comida. O chefe de Ko levou o seu povo a interceptar aqueles que eram assim acusados de vinho, arroz cozido, painço e cascas, e tirou-lhes as suas provisões, enquanto matavam aqueles que se recusavam a entregá-las. Houve um rapaz que trouxe algum painço e carne para os trabalhadores, que eles mataram e roubaram. O que é dito no Livro da História, "O chefe de Ko comportou-se como um inimigo dos portadores de provisões", tem referência a isto.

3. "Por causa do assassinato desta criança, T'ang procedeu à sua punição. Todos dentro dos quatro mares disseram: "Não é porque ele deseja as riquezas do reino, mas para vingar um homem e uma mulher comuns".

4. "Quando T'ang começou o seu trabalho de execução da justiça, começou com Ko, e embora tenha feito onze expedições punitivas, não tinha nenhum inimigo no reino. Quando continuou o seu trabalho no leste, as tribos rudes do oeste murmuraram. Tal como os do norte, quando ele estava empenhado no sul. O seu grito foi: "Porque é que ele nos faz durar? Assim, o anseio do povo por ele era como o seu anseio por chuva numa época de grande seca. Aqueles que frequentavam os mercados não pararam. Aqueles que limparam os campos não mudaram as suas ocupações. Enquanto castigava os seus governantes, ele confortava o povo. O seu progresso foi como a queda de uma chuva oportuna, e as pessoas ficaram encantadas. Diz-se no Livro da História: "Temos esperado pelo nosso príncipe. Com o nosso príncipe, conseguiremos escapar aos castigos que sofremos".

5. "Havendo alguns que não se tornariam súbditos de Châu, o rei Wû procedeu para os castigar no Oriente. Ele deu tranquilidade ao seu povo, que o recebeu com cestos cheios das suas sedas pretas e amarelas, dizendo: "A partir de agora serviremos o soberano da nossa dinastia de Châu, para que

possamos ser felizes com ele". Assim, juntaram-se, como súbditos, à grande cidade de Châu. Assim, os homens Shang carregavam cestos cheios de sedas pretas e amarelas para satisfazer as de Châu, e as classes mais baixas de uma encontravam as da outra com cestos de arroz e tigelas de sopa de arroz. Salvou o povo do fogo e da água, apoderando-se apenas dos seus opressores e destruindo os seus opressores.

6. "Nos documentos antigos diz-se: "O meu poder será posto em movimento, e invadindo os territórios de Shang, capturarei o opressor". Levá-lo-ei de joelhos para o castigar: assim aparecerá a grandeza da minha obra, mais gloriosa do que a de T'ang'.

7. "Sung não é, como se diz, a prática de um verdadeiro governo real, etc.". Se ele estivesse a exercer um governo real, todos dentro dos quatro mares estariam a levantar a cabeça e a procurar o seu príncipe, desejando tê-lo como seu soberano. Óptimo como Ch'î e Ch'û são, o que há a temer deles'?

Capítulo 6.

1. Mencius disse a Tâi Pû-shang: 'Vejo que desejais que o vosso rei seja virtuoso, e vou dizer-vos claramente como ele o pode ser. Suponha que há aqui um alto funcionário de Ch'û, que deseja que o seu filho aprenda o discurso de Ch'î. Será que, nesse caso, ele empregará um homem de Ch'î como seu tutor, ou um homem de Ch'û? Ele vai empregar um Ch'î man para o ensinar', disse Pû-shang. Mencius prosseguiu: 'Se ao menos um homem Ch'î o estivesse a ensinar, e houvesse uma multidão de homens Ch'û a gritar continuamente por cima dele, embora o seu pai lhe batesse todos os dias, desejando que ele aprendesse o discurso Ch'û 'î, seria impossível que ele o fizesse. Mas da mesma forma, se ele fosse levado e colocado durante vários anos em Chwang ou Yo, embora o seu pai o espancasse, desejando que ele falasse a língua do Ch'û, seria impossível para ele fazê-lo.

2. "Supôs que Hsieh Chü-châu fosse um estudioso virtuoso, e colocou-o ao serviço do rei. Suponha que todos

aqueles que frequentam o rei, velhos e jovens, altos e baixos, eram Hsieh Chüchâus, em quem o rei teria de confiar para fazer o mal? E suponha que todos os que ajudam o rei, velhos e jovens, altos e baixos, não eram Hsieh Chüchâus, com quem o rei contaria para fazer o bem? O que pode um Hsieh Chü-châu fazer sozinho, para o rei de Sung?

Capítulo 7.

1. Kung-sun Châu perguntou a Mencius, dizendo: 'Que sentido de justiça existe em não ir ver os príncipes?' Mencius respondeu: 'Entre os antigos, se não se era ministro de um Estado, não se ia ver o soberano.

2. "Twan Kan-mû saltou sobre o seu muro para evitar o príncipe. Hsieh Liû fechou o seu portão, e não quis admitir o príncipe. Estes dois, contudo, levaram o seu escrupuloso excesso de escrúpulos. Quando a visita de um príncipe é apressada, não é impróprio vê-lo.

3. "Yang Ho desejava que Confúcio fosse vê-lo, mas não gostava de o fazer por falta de propriedade. Portanto, como é regra, quando um alto funcionário envia um presente a um estudioso, se o estudioso não está em casa para o receber, deve ir a casa do funcionário para prestar os seus respeitos, Yang Ho observou quando Confúcio estava fora, e enviou-lhe um porco assado. Confúcio, por sua vez, observou quando Ho estava fora, e foi prestar a sua homenagem. Naquele momento, Yang Ho tinha tomado a iniciativa; como poderia Confúcio recusar ir vê-lo?

4. 'Tsang-tsze disse: "Aqueles que encolhem os ombros e riem de uma forma lisonjeira, trabalham mais do que o trabalhador de Verão nos campos". Tsze-lû disse: "Há aqueles que falam com pessoas com as quais não têm uma grande comunidade de sentimentos. Se olharmos para os seus semblantes, eles estão cheios de rubores. Não desejo conhecer tais pessoas. Ao considerar estas observações, é possível

conhecer o espírito que alimenta o homem superior".

Capítulo 8.

1. Tâi Ying-chih disse a Mencius: "Neste momento não sou capaz de impor de uma só vez o dízimo, e a abolição dos direitos cobrados nos passes e nos mercados. No entanto, aliviarei tanto o imposto como as taxas até ao próximo ano, e depois acabarei com eles. O que pensa desta medida?

2. Mencius disse: "Aqui está um homem, que todos os dias se apropria de algumas das aves vadias do seu vizinho. Alguém lhe diz: "Este não é o caminho de um bom homem"; e ele responde: "Com a vossa permissão, diminuirei as minhas quotas, e levarei apenas um pássaro por mês, até ao próximo ano, quando porei um fim à prática".

3. 'Se sabe que a acção é injusta, use toda a prontidão para lhe pôr fim: porquê esperar até ao próximo ano?

Capítulo 9.

1. O discípulo Kung-tû disse a Mencius: 'Mestre, as pessoas para além da nossa escola falam de ti como amante de desentendimentos. Atrevo-me a perguntar se isto é assim. Mencius respondeu: "Certamente, não gosto de discutir, mas sou obrigado a fazê-lo.

2. "Passou muito tempo desde que este mundo de homens recebeu o seu ser, e ao longo da sua história houve agora um período de boa ordem, e agora um período de confusão.

3. "No tempo de Yâo, as águas, emitindo a partir dos seus canais, inundaram o Reino do Meio. Serpentes e dragões ocupavam-na, e o povo não tinha lugar onde se pudesse estabelecer. Nas terras baixas fizeram ninhos em árvores ou plataformas elevadas, e nas terras altas fizeram cavernas. É dito no Livro da História: "As águas no seu curso selvagem avisaram-me". Essas "águas no seu curso selvagem" foram as águas da grande inundação.

4. "Shun empregou Yü para reduzir as águas à ordem. Yü abriu os canais entupidos, e levou-os ao mar. Afastou as serpentes e dragões, e forçou-os a entrar nos pântanos inundados de erva. Assim, as águas seguiram o seu curso através do país, incluindo as águas do Chiang, do Hwâi, do Ho e do Han, e os perigos e obstruções que tinham causado foram removidos. As aves que tinham prejudicado o povo também desapareceram, e depois disto os homens encontraram as planícies à sua disposição, e ocuparam-nas.

5. "Após a morte de Yâo e Shun, os princípios que caracterizam os sábios caíram em decadência. Um após outro surgiram governantes opressores, que derrubaram casas para fazer lagoas e lagos, para que o povo não soubesse onde descansar em silêncio; destruíram os campos cultivados para formar jardins e parques, para que o povo não pudesse obter vestuário e comida. Depois disso, discursos corruptos e acções opressivas tornaram-se mais frequentes; jardins e parques, lagoas e lagos, matas e pântanos tornaram-se mais abundantes e aves e bestas invadiram toda a parte. Na época do tirano Châu, o reino encontrava-se novamente num estado de grande confusão.

6. 'Châu-kung ajudou o rei Wû, e destruiu Châu. Feriu o iene e, após três anos, pôs o seu soberano à morte. Levou Fei-lien para um canto junto ao mar, e matou-o. Os estados que ele extinguiu numeraram cinquenta. Também afastou tigres, leopardos, rinocerontes e elefantes; e todo o povo se regozijou muito. Diz-se no Livro da História: "Grandes e esplêndidos eram os planos do Rei Wan! Grandes eram os planos levados a cabo pela energia do Rei Wû! São para a assistência e instrução de nós que somos de um dia posterior. Em princípio, todas elas são correctas e não têm falhas.

7. "Mais uma vez o mundo caiu na decadência, e os princípios desapareceram, e as acções opressivas voltaram a proliferar. Houve casos de ministros que assassinaram os seus soberanos, e de filhos que assassinaram os seus pais.
8 "Confúcio tinha medo, e escreveu a "Primavera e Outono". O que está contido na "Primavera e Outono" são assuntos próprios

do soberano. A este respeito, Confúcio disse: "Sim, é a Primavera e o Outono que farão os homens conhecer-me, e é a Primavera e o Outono que farão os homens condenar-me.

9. "Uma vez mais, os sábios soberanos deixam de se levantar, e os príncipes dos Estados dão livre curso às suas luxúrias. Os estudiosos ociosos entregam-se a discussões irracionais. As palavras de Yang Chû e Mo Tî enchem o país. Se ouvir os discursos das pessoas que neles se encontram, verá que adoptaram os pontos de vista de Yang ou Mo. Agora, o princípio de Yang é: "cada homem por si", que não reconhece as reivindicações do soberano. O princípio de Mo é: "amar todos igualmente", o que não reconhece o afecto peculiar devido a um pai. Mas não reconhecer nem rei nem pai é estar no estado de besta. Kungming Î disse: "Nas suas cozinhas, há carne gorda. Nos seus estábulos, há cavalos gordos. Mas o seu povo tem rostos famintos, e nas florestas há quem tenha morrido à fome. Isto está a levar as bestas a devorarem os homens". Se os princípios de Yang e Mo não forem detidos, e os princípios de Confúcio forem postos de lado, então tais discursos malignos enganarão o povo, e impedirão o caminho da benevolência e da rectidão. Quando a benevolência e a retidão forem detidas, os animais serão levados a devorar os homens, e os homens devorar-se-ão uns aos outros.

10. "Estou alarmado com estas coisas, e recorro à defesa das doutrinas dos antigos sábios, e para me opor a Yang e Mo. Afasto as suas afirmações licenciosas, para que tais oradores perversos não se realizem. As suas ilusões surgem na mente dos homens, e fazem mal na prática dos seus assuntos, são perniciosos para o seu governo. Quando os sábios surgirem, não mudarão as minhas palavras.

11. "Em tempos anteriores, Yü reprimiu as vastas águas das cheias, e o país foi reduzido à ordem. Os feitos de Châu-kung estenderam-se até às tribos bárbaras do leste e do norte, e ele expulsou todos os animais ferozes, e as pessoas desfrutaram de repouso. Confúcio completou a "Primavera e Outono", e os

ministros rebeldes e os filhos ímpios foram atingidos pelo terror.

12. Diz-se no Livro de Poesia,

"Ele derrotou os bárbaros do oeste e do norte;
castigou Ching e Shu
e ninguém se atreveu a resistir".

Estes negadores de pais e reis teriam sido golpeados por Châu-kung.

13. "Também desejo rectificar o coração dos homens e pôr fim a essas doutrinas perversas, opor-me às suas acções unilaterais e banir as suas afirmações licenciosas, e assim continuar o trabalho dos três sábios. Será que o faço porque gosto de argumentar? Sou obrigado a fazê-lo.

14. 'Quem for capaz de se opor a Yang e Mo é um discípulo dos sábios'.

Capítulo 10.

1. K'wang Chang disse a Mencius: 'Não é Ch'an Chung um homem de verdadeira pureza? Viveu em Wû-ling, e durante três dias esteve sem comida, até não poder ouvir nem ver. Sobre um poço cresceu uma ameixeira, cujo fruto tinha sido meio comido por minhocas. Rastejou até ela e tentou comer alguma da fruta, quando, depois de engolir três bocas cheias, recuperou a visão e a audição.

2. Mencius respondeu: "Entre os estudiosos de Ch'î, eu deveria considerar Chung como o polegar entre os dedos. Mas mesmo assim, onde está a pureza auto-sacrificial que ele afirma? Para levar a cabo os princípios que defende, é preciso tornar-se uma minhoca, pois só assim poderá ser feito.

3. "Agora, uma minhoca come o bolor seco por cima e bebe a fonte amarela por baixo. A casa em que Chung vive foi construída por um Po-î? ou foi construída por um ladrão como Chih? O painço que ele come foi plantado por um Po-î? ou foi plantado por um ladrão como Chih? Estas são coisas que não

podem ser conhecidas.

4. 'Mas', disse Chang, 'que importa isso? Ele próprio tece sandálias de cânhamo, e a sua mulher torce e tece fios de cânhamo para os vender ou trocar'.

5. Mencius respondeu: 'Chung pertence a uma antiga e nobre família de Ch'î. O seu irmão mais velho Tâi recebeu de Kâ um rendimento de 10.000 chung, mas considerou o emolumento do seu irmão injusto, e não quis comer dele, e da mesma forma considerou a casa do seu irmão um bem injusto e não quis viver nela. Evitando o seu irmão e deixando a sua mãe, ele foi viver para Wû-ling. Um dia mais tarde, regressou a casa, quando aconteceu que alguém enviou ao seu irmão um presente de um ganso vivo. Ele, a sulcar as sobrancelhas, disse: "Para que vais usar essa coisa de cacarejar?" A sua mãe matou o ganso e alimentou-o um pouco. Naquele momento o seu irmão entrou e disse: "É a carne daquela coisa de cacarejar", por isso ele saiu e vomitou-a.

6. "Assim, o que a sua mãe lhe deu, ele não comeria, mas o que a sua mulher lhe dá, ele come. Ele não vai habitar na casa do seu irmão, mas vai habitar em Wû-ling. Como pode ele, em tais circunstâncias, completar o modo de vida que professa? Com princípios como os que Chung defende, um homem deve ser uma minhoca, e depois pode realizá-los.

O Livro de Mencius

Livro 4, Parte 1: Li Lau

Capítulo 1.

1. Mencius disse: "O poder de visão de Lî Lâu, e a habilidade da mão de Kung-shû, sem a bússola e o quadrado, não poderiam formar quadrados e círculos. O ouvido aguçado do mestre da música K'wang, sem os garfos de afinação, não conseguia determinar correctamente as cinco notas. Os princípios de Yâo e Shun, sem um governo benevolente, não poderiam assegurar a ordem tranquila do reino.

2. "Há agora príncipes que têm corações benevolentes e uma reputação de benevolência, enquanto o povo não recebe qualquer benefício deles, nem deixará qualquer exemplo para as idades futuras; tudo porque não praticam os costumes dos antigos reis.

3. "Daí o ditado: - "A virtude por si só não é suficiente para o exercício do governo; as leis por si só não podem ser postas em prática".

4. É dito no Livro de Poesia,

"Sem transgressão, sem esquecimento",
seguindo os antigos estatutos".

Ninguém jamais caiu em erro quem seguiu as leis dos antigos reis.

5. "Quando os sábios fizeram uso do vigor dos seus olhos, empregaram a bússola, o quadrado, o nível e a linha, para tornar as coisas quadradas, redondas, niveladas e rectas: o uso de instrumentos é inesgotável. Quando utilizaram ao máximo a sua audição, recorreram aos tubos de afinação para determinar as

cinco notas. o uso destes tubos é inesgotável. Quando utilizaram ao máximo os pensamentos dos seus corações, chamaram à sua ajuda um governo que não podia suportar o sofrimento dos homens:-- e a sua benevolência estendeu o reino.

6. Daí o ditado: "Para levantar uma coisa alta, devemos começar de um monte ou de uma colina; para cavar fundo, devemos começar no terreno baixo de um riacho ou de um pântano". Pode acontecer que, no exercício do governo, não se proceda de acordo com os métodos dos antigos reis.

7. Por conseguinte, apenas homens benevolentes devem estar em altos cargos. Quando um homem sem benevolência está em altos cargos, ele espalha a sua maldade entre todos os que estão abaixo dele.

8 "Quando o príncipe não tem princípios para examinar a sua administração, e os seus ministros não têm leis pelas quais são mantidos no exercício das suas funções, então no tribunal não há obediência a princípios, e no cargo não há obediência a regras. Os superiores violam as leis da justiça, e os inferiores violam as leis penais. É apenas por uma sorte que um Estado é preservado sob tais condições.

9. Por eso se dice: "No es que los muros exteriores e interiores estén incompletos, ni que el suministro de armas ofensivas y defensivas no sea lo que constituye la calamidad de un reino. No es que la superficie cultivable sea insuficiente, ni que no se hayan acumulado tiendas y riquezas, aquilo que provoca a ruína de um Estado". Quando os superiores não observam as regras de decência, e os inferiores não aprendem, surgem os sediciosos, e esse Estado perecerá num curto espaço de tempo.

10. "É dito no Livro de Poesia,

"Quando um tal derrube de Châu está a ser produzido pelo Céu, não estar à vontade.

11. "À vontade"; ou seja, dilatório.

12. "E assim podem ser considerados dilatórios os funcionários que servem um príncipe sem rectidão, que tomam posse e se retiram do cargo sem ter em conta a sua idoneidade, e que nas suas palavras renegam os caminhos dos antigos.

13. Daí que se diga: "Exortar o seu soberano a realizações difíceis pode ser chamado a mostrar respeito por ele. Para lhe apresentar o que é bom e para conter as suas perversidades pode ser chamado demonstrar reverência por ele. Aquele que não faz estas coisas, dizendo a si próprio, -- O meu soberano é incompetente para isto, pode dizer-se que brinca ao ladrão com ele".

Capítulo 2.

1. Mencius disse: "A bússola e o quadrado produzem círculos e quadrados perfeitos. Pelo sábio, as relações humanas são perfeitamente exibidas.

2. "Aquele que como soberano desempenharia perfeitamente os deveres de um soberano, e aquele que como ministro desempenharia perfeitamente os deveres de um ministro, só tem de imitar, um Yâo, e o outro Shun. Aquele que não serve o seu soberano como Shun serviu Yâo, não respeita o seu soberano; e aquele que não governa o seu povo como Yâo governou o seu, fere o seu povo.

3. "Confúcio disse: "Há apenas dois caminhos que podem ser seguidos, o da virtude e o seu oposto".

4. "Um governante que leva a opressão do seu povo ao mais alto nível, será ele próprio morto, e o seu reino perecerá. Se alguém parar antes de atingir o ponto mais alto, a sua vida, porém, estará em perigo e o seu reino será enfraquecido. Será chamado "O Tenebroso" ou "O Cruel", e embora possa ter filhos filiais e netos afectuosos, não poderão, em cem gerações, mudar a designação.

5. "É isto que as palavras do Livro de Poesia se destinam a expressar,

"O farol de Yin não é remoto,
está no tempo do (último) governante de Hsiâ".

Capítulo 3.

1. Mencius disse: "Foi por benevolência que as três dinastias ganharam o trono, e por não serem benevolentes, perderam-no.

2. "É pelo mesmo meio que se determina a decadência e o florescimento, a preservação e o perecimento dos Estados.

3. "Se o soberano não for benevolente, não pode impedir que o trono passe dele. Se o Chefe de Estado não é benevolente, não pode preservar o seu domínio. Se um alto nobre ou um grande oficial não é benevolente, não pode preservar o seu templo ancestral. Se um estudioso ou um homem comum não é benevolente, não pode preservar os seus quatro membros.

4. "Agora odeiam a morte e a ruína, e ainda se deleitam em não ser benevolentes; isto é como odiar a embriaguez e ainda gostar de beber vinho!

Capítulo 4.

1. Mencius disse: "Se um homem ama os outros, e não mostra apego a ele, que se volte para dentro e examine a sua própria benevolência. Se ele tentar governar os outros e a sua regra não for bem sucedida, deixem-no voltar para dentro e examinar a sua sabedoria. Se ele tratar os outros com cortesia, e eles não devolverem a cortesia, que ele se volte para dentro e examine o seu próprio sentido de respeito.

2. "Quando não nos damos conta do que desejamos pelo que fazemos, devemos voltar-nos para dentro e examinar-nos em todos os pontos. Quando um homem é uma pessoa certa,

todo o reino se voltará para ele com reconhecimento e submissão.

3. "É dito no Livro de Poesia,

"Estudar sempre em harmonia com as ordenanças do Céu,
e alcançará muita felicidade.

Capítulo 5.

1. Mencius disse: 'As pessoas têm este ditado comum: "O reino, o Estado, a família". A raiz do reino está no Estado. A raiz do Estado está na família. A raiz da família está na pessoa do seu chefe".

Capítulo 6.

1. Mencius disse: "A administração do governo não é difícil; reside em não ofender as grandes famílias. Aquele a quem as grandes famílias afectam, será afectado por todo o Estado; e aquele a quem um Estado afecta, será afectado por todo o reino. Quando for este o caso, a virtude e os ensinamentos de uma tal pessoa espalhar-se-ão por todos os quatro mares como a corrente de água.

Capítulo 7.

1. Mencius disse: "Quando um governo correcto prevalece no reino, os príncipes de pouca virtude submetem-se aos de grande virtude, e os de pouco valor aos de grande valor. Quando prevalece um mau governo no reino, príncipes de pouco poder submetem-se aos de grande poder, e os fracos aos fortes. Estes dois casos são a regra do Céu. Aqueles que concordam com o Céu são preservados, e aqueles que se rebelam contra o Céu perecem.

2. "Duke Ching de Ch'î disse: "Não poder comandar os outros e ao mesmo tempo recusar receber as suas ordens, é cortar-se a si próprio dc todas as ncgociações com os outros". As suas lágrimas corriam enquanto ele dava a sua filha para casar com o príncipe de Wû.

3. "Agora os pequenos Estados imitam os grandes, e no entanto têm vergonha de receber as suas ordens. Isto é como se um estudioso tivesse vergonha de receber ordens do seu mestre.

4. "Para um príncipe que se envergonha disto, o melhor plano é imitar o rei Wan. Ele imita o Rei Wan, e em cinco anos, se o seu estado for grande, ou em sete anos, se for pequeno, ele estará certo de dar leis ao reino.

5. "É dito no Livro de Poesia:

"Os descendentes dos soberanos da dinastia Shang",
São em número superior a centenas de milhares,
Mas, tendo Deus aprovado o Seu decreto,
Todos eles são submissos a Châu.
Eles são submissos a Châu,
Pois o decreto do Céu não é imutável.
Os oficiais de Yin, admiráveis e alerta,
derramar libações e ajuda na capital de Châu".

Confúcio disse: "Em comparação com um governante tão benevolente, eles não podiam ser considerados uma multidão". Assim, se o príncipe de um estado ama a benevolência, não terá adversário em todo o reino.

6. "Agora não desejam ter nenhum adversário em todo o reino, mas não procuram alcançar isto sendo benevolentes. Isto é como um homem que se apodera de um corpo quente e não o imergiu primeiro na água. É dito no Livro de Poesia,

"Quem pode tomar posse de um corpo quente,
sem o mergulhar primeiro (na água)"?

Capítulo 8.

1. Mencius disse: "Como é possível falar com os príncipes que não são benevolentes? Os seus perigos são para a segurança, as suas calamidades para o lucro, e têm prazer nas coisas pelas quais perecem. Se fosse possível falar com aqueles que assim violam a benevolência, como poderíamos ter tal destruição de

Estados e ruína de Famílias?

2. "Havia uma criança a cantar,

"Quando a água do Ts'ang-lang estiver límpida,
Serve para lavar os atacadores do meu boné;
Quando a água do Ts'ang-lang está nublada,
Serve para lavar os meus pés".

3. "Confúcio disse: "Ouçam o que ele canta, meus filhos. Quando estiver claro, então lavará os cordões do seu boné; e quando estiver sujo, lavará os seus pés com ele. Esta aplicação diferente que a água traz sobre si mesma. "

4. "Um homem deve primeiro desprezar-se a si próprio, e depois outros o desprezarão. Uma família deve primeiro destruir-se a si própria, e depois outros irão destruí-la. Um Estado deve primeiro castigar-se a si próprio, e depois outros castigá-lo-ão a si próprios.

5. ".Isto é ilustrado na passagem do T'âi Chiâ, "Quando o Céu envia calamidades, ainda é possível fugir delas. Quando nós próprios provocamos as calamidades, já não é possível sobreviver".

Capítulo 9.

1. Mencius disse: "A perda do trono de Chieh e Châu surgiu da perda do povo, e perder o povo significa perder o coração. Há uma forma de obter o reino:-- obter o povo, e o reino é obtido. Há uma maneira de conquistar o povo: conquistar os seus corações, e o povo será conquistado. Há uma maneira de conquistar os seus corações: é simplesmente recolher para eles o que gostam, e não impor-lhes o que não gostam.

2. "O povo vira-se para um governo benevolente à medida que a água corre para baixo, e como os animais selvagens voam para o deserto.

3. "Assim, como a lontra ajuda as águas profundas, conduzindo os peixes para dentro delas, e o falcão ajuda os

bosques, atraindo os pássaros para elas, assim Chieh e Châu ajudaram T'ang e Wû, atraindo as pessoas para elas.

4. "Se entre os actuais governantes do reino houvesse alguém que amasse a benevolência, todos os outros príncipes o ajudariam, atraindo o povo até ele. Mesmo que não quisesse tornar-se um governante, não podia deixar de o ser.

5. "O caso de um dos príncipes actuais que deseja tornar-se um soberano é como ter de procurar três anos de artemísia, para curar uma doença de sete anos. Se não tiver sido guardado, o paciente pode não o obter durante toda a sua vida. Se os príncipes não puserem a sua vontade em benevolência, todos os seus dias serão de tristeza e desgraça, e estarão envolvidos na morte e na ruína.

6. "Isto é ilustrado pelo que é dito no Livro de Poesia,

"De que outra forma se pode melhorar o reino?
Só por ela irá à ruína'".

Capítulo 10.

1. Mencius disse: "Com aqueles que fazem violência a si próprios, é impossível falar. Com aqueles que se deformam, é impossível fazer qualquer coisa. Não negar na sua conversa de rectidão e rectidão é o que queremos dizer ao fazer violência a si próprio. Dizer: "Não sou capaz de habitar em benevolência ou seguir o caminho da rectidão", é o que entendemos por auto-descoberta.

2. "A benevolência é a morada tranquila do homem, e a rectidão o seu caminho recto.

3. "Ai daqueles que deixam a casa calma vazia e não habitam nela, e que abandonam o caminho recto e não o seguem?

Capítulo 11.

1. Mencius disse: "O caminho do dever está nas

proximidades, e os homens procuram-no no remoto. O trabalho do dever está no fácil, e os homens procuram-no no difícil. Se cada homem amasse os seus pais e mostrasse o devido respeito pelos seus anciãos, toda a terra gozaria de tranquilidade".

Capítulo 12.

1. Mencius disse: "Quando aqueles que ocupam posições inferiores não conseguem obter a confiança do soberano, não conseguem governar o povo. Há uma forma de obter a confiança do soberano: se não se tiver a confiança dos seus amigos, não se obterá a confiança do seu soberano. Há uma maneira de os amigos confiarem num: se não se serve os pais para lhes agradar, os amigos não confiam nele. Há uma maneira de agradar aos pais: se alguém, virando os seus pensamentos para dentro, encontra insinceridade, não agradará aos pais. Há uma forma de alcançar a sinceridade em si mesmo: se um homem não compreender o que é bom, não alcançará a sinceridade em si mesmo.

2. "Por conseguinte, a sinceridade é o caminho para o Céu. Pensar como ser sincero é o caminho do homem.

3 "Nunca houve ninguém possuidor de completa sinceridade, que não tenha movido outros. Nunca houve ninguém que não tivesse sinceridade que fosse capaz de mover os outros".

Capítulo 13.

1. Mencius disse: "Po-Î, a fim de evitar Châ'u, habitou na costa do mar do norte. Quando ouviu falar da ascensão do rei Wan, acordou e disse: "Por que não o seguiria eu? Ouvi dizer que o chefe do Ocidente sabe bem como alimentar os mais velhos". T'âikung, a fim de evitar Châu, estava a viver na costa do Mar Oriental. Quando ouviu falar da ascensão do Rei Wan, acordou e disse: "Porque não devo ir e segui-lo? Ouvi dizer que o chefe do Ocidente sabe bem como alimentar os mais velhos".

2. "Aqueles dois anciãos eram os maiores do reino. Quando

vieram para seguir o rei Wan, foram os pais do reino que vieram para o seguir. Quando os pais do reino se juntaram a ele, como poderiam os filhos ir para outro?

3. 'Se algum dos príncipes exercesse o governo do rei Wan, no prazo de sete anos ele estaria certamente a dar leis ao reino'.

Capítulo 14.

1. Mencius disse: "Ch'iû agiu como ministro do chefe da família Chî, cujos maus hábitos ele não podia mudar, enquanto exigia ao povo da aldeia o dobro dos cereais que antigamente eram pagos. Confúcio disse: "Ele não é um discípulo meu. Crianças, batam no tambor e ataquem-no".

2. "Olhando para o assunto deste caso, percebemos que quando um príncipe não praticava um governo benevolente, todos os ministros que o enriqueceram foram rejeitados por Confúcio:- quanto mais teria ele rejeitado aqueles que lutam com veemência pelo seu príncipe! Quando as disputas por território são o terreno sobre o qual lutam, matam homens até que os campos sejam preenchidos com os seus corpos. Quando uma luta por uma cidade é o terreno sobre o qual lutam, matam homens até a cidade estar cheia de corpos desarmados. Isto é o que se chama "conduzir para o solo para devorar carne humana". A morte não é suficiente para um tal crime.

3. "Por conseguinte, aqueles que são habilidosos na luta devem sofrer o maior castigo. Ao seu lado devem ser punidos aqueles que unem alguns príncipes em ligas contra outros; e ao seu lado, aqueles que tomam tecidos de ervas, impondo ao povo o cultivo da terra".

Capítulo 15.

1. Mencius disse: "De todas as partes do corpo de um homem não há nenhuma mais importante do que a pupila do olho. O aluno não pode ser usado para esconder a maldade de um homem. Se dentro dele tudo estiver certo, o aluno é brilhante. Se dentro do peito tudo não estiver bem, a pupila é

monótona.

2. "Ouça as palavras de um homem e olhe para o pupilo do seu olho. Como pode um homem esconder o seu carácter?

Capítulo 16.

1. Mencius disse: "Os respeitosos não desprezam os outros". O homem austero não saqueia os outros. O príncipe que trata os homens com desprezo e os saqueia, só tem medo que não lhe obedeçam. Como pode ser considerado respeitoso ou austero? Como pode ser respeitoso e austero em tons de voz e em maneiras sorridentes".

Capítulo 17.

1. Shun-yü K'wan disse: "É a regra que homens e mulheres não toquem nas mãos quando dão ou recebem alguma coisa". Mencius respondeu: 'É a regra'. K'wan perguntou: "Se a cunhada de um homem está a afogar-se, será que ele a vai salvar com a sua mão? Mencius disse: "Aquele que não resgata a mulher que se afoga é um lobo". Para homens e mulheres não permitir que as suas mãos se toquem no dar e receber é a regra geral; quando uma cunhada se afoga, resgatá-la com a mão é uma exigência natural".

2. K'wan disse: "Todo o reino está a afogar-se; que estranho que não o salvem!

3. Mencius respondeu: "Um reino afogado deve ser resgatado com princípios correctos, tal como uma cunhada afogada deve ser resgatada com a mão. Quereis que eu salve o reino com a minha mão?

Capítulo 18.

1. Kung-sun Ch'âu disse: 'Porque é que o próprio homem superior não ensina o seu filho?

2. Mencius respondeu: "As circunstâncias do caso proibem-no de ser feito. O professor deve inculcar o que está certo.

Quando inculca o que está certo, e as suas lições não são praticadas, ele segue-as com raiva. Quando ele os segue com raiva, então, ao contrário do que deveria ser, ofende-se com o seu filho. Ao mesmo tempo, o aluno diz: "O meu professor inculca em mim o que é correcto, e ele próprio não procede da forma correcta". O resultado disto é que o pai e o filho se ofendem um ao outro. Quando o pai e o filho se ofendem um ao outro, o caso é muito mau.

3. "Os antigos trocavam filhos, e um ensinava o filho do outro.

4. "Entre pai e filho, não deve haver avisos censuráveis sobre o que é bom. Tais reprovações conduzem à alienação, e não há nada mais desfavorável do que a alienação.

Capítulo 19.

1. Mencius disse: "Dos serviços, qual é o maior? O serviço dos pais é o maior. Dos fardos, qual é o maior? O fardo do eu é o maior. Que aqueles que não deixam de se manter são capazes de servir os seus pais, foi o que ouvi dizer. Mas nunca ouvi falar de ninguém que, não tendo conseguido manter-se, pudesse, no entanto, servir os seus pais.

2. "Há muitos serviços, mas o serviço dos pais é a raiz de todos os outros. Há muitos fardos, mas o fardo de si mesmo é a raiz de todos os outros fardos.

3. "O filósofo Tsang Hsî, ao alimentar Tsang Hsî, assegurou-se sempre de que tinha vinho e carne. E quando lhe eram tiradas, ele perguntava respeitosamente a quem devia dar o que lhe restava. Se o seu pai lhe perguntasse se ainda restava algum, ele teria a certeza de dizer: "Sim, existe". Após a morte de Tsing Hsî, quando Tsang Yüan veio alimentar Tsingtsze, certificou-se sempre de que lhe era fornecido vinho e carne. Mas quando as coisas foram retiradas, ele não perguntou a quem devia dar o que restava, respondeu que não, com a intenção de o trazer de volta. Isto era o que se chama "alimentar a boca e o corpo". Podemos chamar à prática de Tsang-tsze 'alimentar a

vontade'.

4. "Servir os pais como Tsang-tsze serviu os seus, pode ser considerado como piedade filial".

Capítulo 20.

1. Mencius disse: "Não basta protestar contra um soberano contra a actuação errada dos ministros, nem culpar os erros do governo. Só o grande homem pode rectificar o que está errado na mente do soberano. Que o príncipe seja benevolente, e todos os seus actos serão benevolentes. Que o príncipe seja justo, e todos os seus actos serão justos. Que o príncipe tenha razão, e todos terão razão. Uma vez rectificado o governante, o reino será firmemente estabelecido".

Capítulo 21.

1. Mencius disse: "Há casos de elogios que não podiam ser esperados, e de reprovação quando as partes procuraram ser perfeitas".

Capítulo 22.

1. Mencius disse: 'O facto de os homens serem leves com a língua surge simplesmente por não terem sido reprovados'.

Capítulo 23.

1. Mencius disse: "A culpa principal dos homens é que gostam de ser senhores dos outros".

Capítulo 24.

1. O discípulo Yo-chang foi na comitiva de Tsze-âo a Ch'î.

2. veio ver Mencius, que lhe disse: 'Vieste também ver-me? Yo-chang respondeu: 'Mestre, porque dizes tais palavras? Quantos dias estás aqui? Eu vim ontem". Não será então com razão que falo assim? Eu não estava estabelecido" Já ouviu dizer que o alojamento de um estudante deve ser arranjado antes de

visitar o seu mestre?

3. Yo-chang disse: "Eu fiz mal.

Capítulo 25.

1. Mencius, dirigindo-se ao discípulo Yo-chang, disse: 'A vossa vinda aqui no séquito de Tsze-âo foi apenas para comida e bebida. Não podia pensar que vós, tendo aprendido a doutrina dos antigos, teríeis agido com vista a comer e beber".

Capítulo 26.

1. Mencius disse: "Há três coisas que não são filiais, e não ser lembrado na posteridade é a maior delas.

2. 'Shun casou sem informar os seus pais por causa disso, foi punido para que não tivesse descendentes. Os homens superiores consideram que para o fazer era o mesmo que se os tivesse informado.

Capítulo 27.

1. Mencius disse: "O fruto mais rico da benevolência é este: serviço aos pais. O fruto mais rico da rectidão é este: a obediência aos irmãos mais velhos.

2. "O fruto mais rico da sabedoria é este: conhecer estas duas coisas, e não se afastar delas. O fruto mais rico da decência é este: encomendar e adornar estas duas coisas. O fruto mais rico da música é este: regozijar-se com estas duas coisas. Quando se regozijam, crescem. A crescer, como podem ser reprimidos? Quando chegam a este estado em que não podem ser reprimidos, inconscientemente os pés começam a dançar e as mãos a mexer-se.

Capítulo 28.

1. Mencius disse: 'Suponha que todo o reino se voltaria com grande prazer para um indivíduo para se submeter a ele,-- Considere que todo o reino assim se volta para ele com grande

prazer mas como um monte de erva;-- Shun sozinho era capaz de o fazer. Ele considerou que se não se pudesse alcançar o coração dos seus pais não poderia ser considerado um homem, e que se não se pudesse chegar a um acordo total com os seus pais, não poderia ser considerado um filho.

2. "Pelo facto de Shun ter cumprido completamente tudo o que podia servir um pai, Kû-sâu foi levado a encontrar o deleite no que era bom. Quando Kû-sâu foi levado a encontrar esse encanto, todo o reino foi transformado. Quando Kû-sâu foi trazido para encontrar esse encanto, todos os pais e filhos do reino foram estabelecidos nos seus respectivos deveres. A isto chama-se grande piedade filial.

Livro 4, Parte 2: Li Lau

Capítulo 1.

1. Mencius disse: 'Shun nasceu em Chû-fang, mudou-se para Fû-hsiâ, e morreu em Ming-t'iâo; um homem próximo das tribos selvagens do oriente.

2. "O Rei Wan nasceu em Châu, junto ao Monte Ch'î, e morreu em Pî-ying; -- um homem próximo das tribos selvagens do oeste.

3. "Essas regiões estavam distantes umas das outras mais de mil lî, e a idade de um sábio era superior à do outro em mais de mil anos. Mas quando conseguiram o seu desejo, e puseram os seus princípios em prática em todo o Reino do Meio, foi como unir as duas metades de um selo.

4. "Quando examinamos estes sábios, tanto os anteriores como os posteriores, os seus princípios são os mesmos.

Capítulo 2.

1. Quando Tsze-ch'an foi primeiro-ministro do Estado de Chang, transportou o povo através do Chan e do Wei na sua própria carruagem.

2. Mencius disse: "Ele era bondoso, mas mostrou que não compreendia a prática do governo.

3. "Quando no décimo primeiro mês do ano as pontes para peões são concluídas, e as pontes para carruagens no décimo segundo mês, as pessoas não têm o problema de andar a pé.

4. "Que um governador conduza o seu governo com base nos princípios da igualdade de justiça, e, quando for para o estrangeiro, pode desviar o povo do seu caminho. Mas como pode ele conduzir todos os rios?

5. 'Segue-se que se um governador tentar agradar a todos,

descobrirá que os dias não são suficientes para o seu trabalho'.

Capítulo 3.

1. Mencius disse ao rei Hsüan de Ch'î: 'Quando o príncipe considera os seus ministros como as suas mãos e pés, os seus ministros consideram o seu príncipe como a sua barriga e coração; quando ele os considera como os seus cães e cavalos, eles consideram-no como outro homem; quando ele os considera como a terra ou a erva, eles consideram-no como um ladrão e um inimigo'.

2. O rei disse: "De acordo com as regras do decoro, um ministro usa o luto quando deixa o serviço de um príncipe. Como deve um príncipe comportar-se de modo a fazer com que os seus antigos ministros usem o luto?

3. Mencius respondeu: "Os avisos de um ministro foram seguidos e os seus conselhos foram ouvidos, de modo que as bênçãos desceram sobre o povo, se por alguma razão ele deixar o país, o príncipe envia uma escolta para o conduzir para além das fronteiras. Ele também antecipa com recomendações a sua chegada ao país para onde vai. Quando está ausente há três anos e não regressa, só então retoma os seus campos e a sua residência. Este tratamento é o que se chama uma "demonstração de consideração três vezes repetida". Quando um príncipe age desta forma, ele usará o luto quando deixar o seu serviço.

4. "Hoje em dia, os protestos de um ministro não são seguidos, e os seus conselhos não são ouvidos, para que nenhuma bênção caia sobre o povo. Quando por qualquer causa ele sai do país, o príncipe tenta agarrá-lo e mantê-lo prisioneiro. Ele também o empurra ao extremo no país para onde foi, e no próprio dia da sua partida, recupera os seus campos e a sua residência. Este tratamento mostra-o a ser o que chamamos "um ladrão e um inimigo". Que luto pode ser suportado por um ladrão e um inimigo?

Capítulo 4.

1. Mencius disse: "Quando os estudiosos são executados sem qualquer crime, os altos funcionários podem deixar o país. Quando o povo é abatido sem qualquer crime, os estudiosos podem retirar-se.

Capítulo 5.

1. Mencius disse: "Se o soberano for benevolente, todos serão benevolentes. Se o soberano for justo, tudo será justo'.

Capítulo 6.

1. Mencius disse: 'Actos de rectidão que não são realmente correctos, e actos de rectidão que não são realmente correctos, o grande homem não o faz'.

Capítulo 7.

1. Mencius disse: "Os que mantêm a medida, treinam os que não a têm, e os que têm capacidades, treinam os que não têm, e por isso os homens regozijam-se em ter pais e irmãos mais velhos que possuem virtude e talento. Se aqueles que detêm a medida desprezam aqueles que não o fazem, e aqueles que têm capacidades desprezam aqueles que não o fazem, então o espaço entre eles, aqueles que são tão talentosos e aqueles que não o são, não admitirão um centímetro.

Capítulo 8.

1. Mencius disse: "Os homens devem decidir o que NÃO farão, e depois podem agir com vigor sobre o que devem fazer".

Capítulo 9.

1. Mencius disse: "Que miséria futura eles têm e devem suportar quem fala do que não é bom nos outros!

Capítulo 10.

1. Mencius disse: "Chung-nî não fez coisas extraordinárias".

Capítulo 11.

1. Mencius disse: "O grande homem não pensa de antemão nas suas palavras para ser sincero, nem nas suas acções para ser resoluto; simplesmente fala e faz o que é correcto".

Capítulo 12.

1. Mencius disse: 'O grande homem é aquele que não perde o coração do seu filho'.

Capítulo 13.

1. Mencius disse: "Alimentar os pais quando vivem não é suficiente para ser considerado como a grande coisa. Só na execução das suas obsequias quando estão mortas é que temos o que pode ser considerado a grande coisa.

Capítulo 14.

1. Mencius disse: "O homem superior avança no que está a aprender com profundo fervor e pelo curso adequado, desejando agarrá-lo como em si mesmo. Depois de se ter metido nele, permanece nele com calma e firmeza. Permanecendo nela com calma e firmeza, repousa nela uma profunda confiança. Descansando nele uma profunda confiança, leva-o pela esquerda e pela direita, encontrando-o em todo o lado como uma fonte de onde as coisas fluem. É por isso que o homem superior deseja tomar posse do que está a aprender como em si mesmo.

Capítulo 15.

1. Mencius disse: "Ao aprender longamente e discutir longamente o que se aprende, o objectivo do homem superior é que ele possa voltar atrás e expor brevemente o que é essencial".

Capítulo 16.

1. Mencius disse: "Aquele que pela sua excelência submete os homens nunca foi capaz de os subjugar. Procura um príncipe que, pela sua excelência, possa alimentar os homens, e que

possa subjugar todo o reino. É-lhe impossível tornar-se governante de um povo ao qual a sujeição do coração não tenha sido dada".

Capítulo 17.

1. Mencius disse: "As palavras que não são verdadeiras são desfavoráveis, e as palavras que são mais detestáveis ao nome de desfavoráveis, são as que lançam homens de talento e virtude na sombra".

Capítulo 18.

1. O discípulo Hsü disse: 'Chung-nî elogiou frequentemente a água, dizendo: "Ó água! Ó água!" O que é que ele encontrou na água para elogiar?

2. Mencius respondeu: "Há uma fonte de água; como ela jorra! Não descansa nem de dia nem de noite. Preenche todos os buracos e depois avança, fluindo para os quatro mares. Tal é a água que tem uma nascente! Isto foi o que ele encontrou nele para elogiar.

3. "Mas suponhamos que a água não tem fonte.-- No sétimo e oitavo mês, quando a chuva cai abundantemente, os canais nos campos estão todos cheios, mas pode esperar-se que voltem a secar num curto espaço de tempo. Assim, um homem superior tem vergonha de uma reputação que ultrapassa os seus méritos".

Capítulo 19.

1. Mencius disse: "Aquilo pelo qual o homem difere dos animais inferiores é muito pequeno. A massa do povo descarta-o, enquanto os homens superiores o retêm.

2. "Shun compreendeu claramente a multiplicidade de coisas, e observou de perto as relações da humanidade. Ele andou no caminho da benevolência e da justiça; não precisava de procurar benevolência e justiça".

Capítulo 20.

1. Mencius disse: 'Yü odiava vinho agradável e adorava boas palavras.

2. 'T'ang agarrou-se aos Meios de Comunicação e empregou homens talentosos e virtuosos, independentemente da sua proveniência.

3. "O rei Wan olhou para o povo como olharia para um homem ferido, e olhou para o caminho certo como se não o pudesse ver.

4. O rei Wû não desprezou o próximo e não esqueceu o distante.

5. "O duque de Châu quis unir em si as virtudes daqueles reis, os fundadores das três dinastias, para que ele pudesse exibir na sua prática as quatro coisas que eles fizeram. Se visse neles algo que não lhe conviesse, olhava para cima e pensava nisso, de dia para a noite, e quando tinha a sorte de encontrar a solução, sentava-se e esperava pela manhã.

Capítulo 21.

1. Mencius disse: "Os vestígios do governo soberano desapareceram e as odes reais deixaram de ser feitas. Quando essas odes deixaram de ser feitas, então a Ch'un Ch'iû foi produzida.

2. "O Shang de Tsin, o Tâo-wû de Ch'û e o Ch'un Ch'iû de Lû eram livros do mesmo carácter.

3. "O tema do Ch'un Ch'iû era os assuntos de Hwan de Chî e Wan de Tsin, e o seu estilo era histórico. Confúcio disse: 'Aventurei-me a tomar decisões justas'.

Capítulo 22.

1. Mencius disse: "A influência de um grande sábio termina na quinta geração. A influência de um simples sábio faz o mesmo.

2. "Embora não pudesse ser discípulo do próprio Confúcio, esforcei-me por cultivar a minha virtude através de outros que o foram".

Capítulo 23.

1. Mencius disse: "Quando parece correcto tomar uma coisa, e depois não é correcto, tomá-la é contrário à moderação. Quando parece correcto dar uma coisa e depois não é correcto, dá-la é contrário ao bem. Quando parece certo sacrificar a própria vida, e depois não o é, sacrificá-la é contrário à coragem".

Capítulo 24.

1. P'ang Mang aprendeu tiro com arco e flecha com Î. Quando adquiriu toda a ciência do Î, pensou que em todo o reino apenas Î era superior a ele, e por isso matou-o. Mencius disse: 'Neste caso, a culpa foi também Î. Kung-ming Î disse de facto: 'Parece que ele não é culpado', mas por isso ele só quis dizer que a sua culpa era ligeira. Como pode ele ser mantido sem qualquer culpa?

2. "O povo de Chang enviou Tsze-cho Yü para atacar Wei à socapa, que enviou Yü-kung Sze para o perseguir. Tsze-cho Yü disse: "Hoje sinto-me doente e não consigo segurar o meu arco. Eu sou um homem morto. Ao mesmo tempo, perguntou ao seu motorista: "Quem é o que me persegue? O motorista disse: "É Yü-kung Sze", ao que ele exclamou: "Vou viver". O motorista disse: "Yü-kung Sze é o melhor arqueiro de Wei, o que quer dizer com "Eu viverei"?" Yü respondeu: "Yü-kung Sze aprendeu tiro com arco e flecha com Yin-kung T'o, que por sua vez o aprendeu comigo. Agora, Yin-kung T'o é um homem justo, e os amigos da sua escolha também devem ser justos". Quando Yü-kung Sze se aproximou dele, ele disse: "Mestre, porque não segura o seu arco? Yü respondeu: "Hoje sinto-me mal e não consigo segurar o meu arco". Nisto, Sze disse: "Aprendi tiro com arco e flecha com Yin-kung T'o, que por sua vez o aprendeu consigo. Não suporto prejudicar-vos com a vossa própria ciência. O negócio de hoje, porém, é o do príncipe, que

não ouso negligenciar". Depois ele pegou nas suas flechas, bateu com as suas pontas de aço contra a roda da carruagem, descarregou quatro delas, e regressou.

Capítulo 25.

1. Mencius disse: "Se a Senhora Hsî tivesse sido coberta com um toucado sujo, todas as pessoas teriam segurado o nariz ao passar por ela.

2. "Mesmo que um homem seja perverso, se ajustar os seus pensamentos, jejua e toma banho, pode sacrificar-se ao Céu".

Capítulo 26.

1. Mencius disse: "Todos aqueles que falam da natureza das coisas, só conhecem as suas propriedades para raciocinar, e o valor de uma propriedade reside no seu carácter natural.

2. "O que me desagrada nos vossos sábios é que eles tiram conclusões absurdas. Se esses sábios agissem como Yü quando transportava as águas, não haveria nada a não gostar na sua sabedoria. A forma como Yü se livrou das águas ao fazer o que não lhe causou problemas. Se os seus sábios também fizessem aquilo que não lhes causasse problemas, o seu conhecimento também seria grande.

3. "Há o céu tão alto; há as estrelas tão distantes. Se tivermos investigado os seus fenómenos, podemos, sentados nos nossos lugares, voltar ao solstício de há mil anos atrás.

Capítulo 27.

1. O oficial Kung-hang ocupado no funeral de um dos seus filhos, o Mestre Certo foi com ele para se solidarizar. Quando este nobre entrou no portão, alguns chamaram-no e falaram-lhe, e outros foram para o seu lugar e falaram-lhe.

2. Mencius não falou com ele, o que o desagradou, e disse: "Todos os cavalheiros falaram comigo. Só Mencius não fala comigo, e desvaloriza-me.

3. Tendo ouvido esta observação, Mencius disse: "De acordo com as regras prescritas, no tribunal, os indivíduos não podem mudar de lugar para falar uns com os outros, nem podem passar das suas fileiras para se curvar uns aos outros. Ele desejava observar esta regra, e Tsze-âo compreende que a desprezava: não será isto estranho?

Capítulo 28.

1. Mencius disse: "O que distingue o homem superior dos outros homens é o que preserva no seu coração, ou seja, a benevolência e a propriedade.

2. "O homem benevolente ama os outros. O homem com decoro mostra respeito pelos outros.

3. "Aquele que ama os outros é constantemente amado por eles. Aquele que respeita os outros é constantemente respeitado por eles.

4. "Aqui está um homem, que me trata de uma forma perversa e pouco razoável. O homem superior em tal caso virar-se-á contra si próprio: "Devia faltar-me benevolência; devia faltar-me a decência; como poderia isto ter-me acontecido"?

5. Ele examina-se a si próprio, e é especialmente benevolente. Ele vira-se contra si próprio, e é especialmente observador da propriedade. No entanto, a maldade e a falta de razoabilidade do outro permanece a mesma. O homem superior voltar-se-á contra si próprio: "Devo ter falhado em fazer o meu melhor".

6. "Ele volta-se contra si mesmo e continua a fazer o seu melhor, mas ainda assim repete-se a perversidade e a falta de razoabilidade do outro. Sobre isto, o homem superior diz: "Este é um homem absolutamente perdido! Como ele se comporta assim, há alguma escolha entre ele e um bruto? Por que devo ir e lutar com um bruto"?

7. "É assim que o homem superior mostra uma ansiedade

vitalícia e não uma calamidade de uma manhã. Quanto ao que lhe preocupa, ele diz: "Shun era um homem, e eu também sou um homem. Mas Shun tornou-se um exemplo para todo o reino, e a sua conduta foi digna de ser transmitida a épocas posteriores, enquanto eu sou apenas um aldeão". Este é, de facto, o tema adequado da ansiedade para ele. E de que forma está ansioso em relação a isso? Só que talvez ele possa ser como Shun:-- então ele só vai parar. Quanto ao que o homem superior sentiria como uma calamidade, não existe tal coisa. Ele não faz nada que não esteja de acordo com o que é correcto. Se lhe acontecesse uma manhã de calamidade, o homem superior não a consideraria uma calamidade.

Capítulo 29.

1. Yü e Chî, numa altura em que o mundo estava novamente em ordem, passaram pelos seus portões três vezes sem entrar neles. Confúcio elogiou-os.

2. O discípulo Yen, numa altura de desordem, vivia numa faixa estreita, com a sua única chávena de arroz de bambu e a sua única tigela de cabaça com água; outros homens não podiam ter suportado a miséria, mas ele não permitia que a sua alegria fosse afectada por ela. Confúcio elogiou-o.

3. Mencius disse: "Yü, Chî e Yen Hûi concordaram no princípio da sua conduta.

4. "Yü pensou que se alguém no reino se afogasse, era como se o afogasse. Chî pensou que se alguém no reino sofria de fome, era como se o tivesse matado. Foi por isso que foram tão fervorosos.

5. Se Yü e Chî, e Yen-tsze, tivessem mudado de lugar, cada um teria feito o que o outro fez.

6. "Aqui agora, na mesma sala que você, há pessoas a lutar: você deve separá-las. Mesmo que os separe com a sua touca simplesmente amarrada sobre o seu cabelo solto, a sua conduta será permissível.

7. "Se a briga for apenas na aldeia ou bairro, se vai acabar com o seu boné atado sobre o cabelo solto, estará a cometer um erro. Embora devesse fechar a porta em tal caso, a sua conduta seria admissível.

Capítulo 30.

1. O discípulo Kung-tû disse: "Em todo o reino todos consideram K'wang Chang como sendo pouco filiante. Mas você, Mestre, faça-o companhia e, além disso, trate-o com cortesia. Atrevo-me a perguntar por que razão o faz.

2. Mencius respondeu: "Há cinco coisas que, de acordo com o uso comum da época, são consideradas como não filiantes. O primeiro é a preguiça na utilização dos quatro membros, não cuidando da alimentação dos seus pais. O segundo é o jogo e o xadrez, e o gosto pelo vinho, sem atender à alimentação dos seus pais. A terceira e terceira é o amor pelo dinheiro, e ser egoisticamente ligado à mulher e aos filhos, sem cuidar da comida dos pais. A quarta é seguir os desejos dos ouvidos e dos olhos, para trazer os seus pais à desgraça. O quinto é gostar de bravura, lutar e discutir de forma a pôr em perigo os seus pais. Será Chang culpado de alguma destas coisas?

3. "Agora, entre Chang e o seu pai, surgiu um desacordo, ele, o filho, repreendendo o seu pai, exortando-o ao que era bom.

4. "Exortar uns aos outros ao bem através de repreensões é o caminho dos amigos. Mas tal insistência entre pai e filho é o maior dano para a bondade que deveria prevalecer entre eles.

5. "Além disso, não desejava Chang ter na sua família as relações de marido e mulher, filho e mãe? Mas porque tinha ofendido o seu pai e não lhe foi permitido aproximar-se dele, despediu a sua esposa e expulsou o seu filho, e durante toda a sua vida não recebeu nenhuma atenção amorosa da parte deles. Ele resolveu na sua mente que se não agisse desta forma, o seu seria um dos maiores crimes. Tal e nada mais é o caso de

Chang.

Capítulo 31.

1. Quando o filósofo Tsang vivia em Wû-ch'ang, uma banda de Yüeh veio saqueá-lo. Alguém lhe disse: "Os saqueadores estão aqui, porque não deixa isto? Tsang deixou a cidade e disse ao dono da casa: 'Não albergues ninguém em minha casa, para não quebrarem e danificarem as plantas e as árvores'. Quando os saqueadores partiram, o filósofo Tsang regressou. Os seus discípulos disseram: "Como o nosso mestre foi tratado com tanta sinceridade e respeito, que ele deveria ser o primeiro a partir à chegada dos saqueadores, a ser observado pelo povo, e depois regressar quando os saqueadores se retiraram, parece-nos impróprio". Ch'an-yû Hsing disse: "Você não compreende este assunto. Antes, quando Ch'an-yû foi exposto à irrupção dos pastores, havia setenta discípulos entre os seguidores do nosso mestre, e nenhum deles tomou qualquer parte no assunto".

2. Quando Tsze-sze vivia em Wei, uma banda de Ch'î veio pilhar. Alguém lhe disse: 'Os saqueadores estão a chegar; porque não deixar isto?' Tsze-sze disse: 'Se eu for embora, com quem terá o príncipe de proteger o Estado?

3. Mencius disse: "Os filósofos Tsang e Tsze-sze-sze concordaram no princípio da sua conduta. Tsang era professor;-- no lugar de pai ou irmão mais velho. Tsze-sze era um ministro;-- num lugar inferior. Se os filósofos Tsang e Tsze-sze tivessem mudado de lugar, um teria feito o que o outro fez.

Capítulo 32.

1. O oficial Ch'û disse a Mencius: 'Mestre, o rei enviou pessoas para espiar se você era realmente diferente dos outros homens'. Mencius disse: "Como devo ser diferente dos outros homens? Yâo e Shun eram os mesmos que os outros homens'.

Capítulo 33.

1. Um homem de Ch'î teve uma esposa e uma concubina, e viveu com elas na sua casa. Quando o seu marido saía, enchia-se de vinho e carne, e depois voltava, e, ao ser convidado pela sua mulher com quem comia e bebia, tinha a certeza de que todos eles eram pessoas ricas e honestas. A esposa informou a concubina, dizendo: "Quando o nosso bom homem sai, com certeza que regressa tendo satisfeito o seu apetite por vinho e carne. Perguntei com quem comeu e bebeu, e todos eles parecem ser pessoas ricas e honradas. E, no entanto, nenhuma pessoa de distinção vem aqui. Vou espiar para onde vai o nosso bom homem". Consequentemente, levantou-se de manhã cedo, e continuou sem ser vista para onde quer que o seu marido fosse. Em toda a cidade, não havia ninguém para parar ou para falar com ele. Finalmente, aproximou-se daqueles que estavam a sacrificar-se entre os túmulos para além do muro exterior no leste, e perguntou-lhes o que tinham sobre eles. Quando não estava satisfeito, olhou à sua volta, e foi para outro grupo, e assim teve a sua satisfação. A sua esposa voltou e informou a concubina, dizendo: 'Foi ao nosso marido que olhámos com esperança, com quem a nossa sorte é lançada para toda a vida; e agora estes são os seus caminhos'; nisto, juntamente com a concubina ela injuriou o seu marido, e eles choraram juntos na sala central. Entretanto, o marido, sem saber nada de tudo isto, entrou com um ar alegre, apresentando-se orgulhosamente perante a sua esposa e concubina.

2. Na opinião de um homem superior, quanto às formas pelas quais os homens procuram riquezas, honras, ganhos e avanços, há poucas das suas esposas e concubinas que não se envergonhariam e chorariam juntas por elas.

O Livro de Mencius

Livro 5. Parte 1: Wan Chang.

Capítulo 1

1. Wan Chang perguntou a Mencius, dizendo: "Quando Shun foi para o campo, ele chorou e chorou para os céus compassivos. Porque chorou e chorou? Mencius respondeu: "Ele estava insatisfeito e cheio de desejos".

2. Wan Chang disse: "Quando os seus pais o amam, o filho alegra-se e não os esquece. Quando os seus pais o odeiam, mesmo que o castiguem, ele não murmura. Será que Shun murmurou contra os seus pais? Mencius respondeu: 'Ch'ang Hsî perguntou a Kung-ming Kâo, dizendo: "Quanto a Shun nos campos, recebi as vossas instruções, mas não sei, mas não sei nada do seu pranto e choro aos céus compassivos e aos seus pais". Kung-ming Kâo respondeu: "Não compreendes essa importância". Agora, Kung-ming Kâo supunha que o coração do filho filial não podia estar tão livre de tristeza. Shun disse: "Eu exerço a minha força para cultivar os campos, mas ao fazê-lo só estou a cumprir o meu ofício como filho. O que pode haver em mim que os meus pais não me amem".

3. "O Tî tinha os seus próprios filhos, nove filhos e duas filhas, os vários funcionários, bois e ovelhas, armazéns e celeiros, todos preparados, para servir Shun no meio dos campos canalizados. Dos estudiosos do reino, havia multidões a afluir em seu redor. O governante queria que Shun supervisionasse o reino juntamente com ele, e depois transferi-lo completamente para ele. Mas como os seus pais não concordavam com ele, sentia-se como um homem pobre, sem ninguém a quem recorrer.

4. Ficar satisfeito por todos os sábios do reino é o que os homens desejam, mas não foi suficiente para remover a tristeza de Shun. Possuir beleza é o que os homens desejam, e Shun teve as duas filhas do Tî para esposas, mas isto não foi suficiente

para remover a sua dor. A riqueza é o que os homens desejam, e o reino era propriedade de Shun, mas isto não foi suficiente para remover a sua dor. Honras são o que os homens desejam, e Shun tinha a dignidade de ser soberano, mas isto não era suficiente para remover a sua dor. A razão pela qual ser objecto de delícias dos homens, com a posse de beleza, riqueza e honras não era suficiente para remover a sua dor, era que só podia ser removida pelos seus pais concordando com ele.

5. O amor da criança é pelo seu pai e pela sua mãe. Quando se torna consciente dos atractivos da beleza, o seu desejo é de mulheres jovens e bonitas. Quando se trata de ter mulher e filhos, o seu amor é por eles. Quando obtém o cargo, o seu desejo é para o seu soberano: se não consegue obter a consideração do seu soberano, ele arde dentro dele. Mas o homem de grande piedade filial, até ao fim da sua vida, mantém o seu desejo pelos seus pais. No grande Shun vejo o caso de alguém cujo desejo, aos cinquenta anos de idade, era para eles".

Capítulo 2.

1. Wan Chang perguntou a Mencius, dizendo: 'É dito no Livro de Poesia,

"Ao casar com uma esposa, como deve um homem proceder?
Ele deve informar os seus pais.

Se a regra é realmente como é expressa aqui, ninguém a deveria ter ilustrado tão bem como Shun. Como foi que o casamento de Shun teve lugar sem informar os seus pais? Mencius respondeu: "Se ele os tivesse informado, não poderia ter casado. Para homens e mulheres morar juntos é a maior das relações humanas. Se Shun tinha informado os seus pais, deve ter anulado a maior das relações humanas, provocando assim o seu ressentimento. Neste caso, ele não os informou!

2. Wan Chang disse: 'Quanto ao casamento de Shun sem informar os seus pais, ouvi as suas instruções; mas como foi que o Tî Yâo lhe deu as suas filhas como esposas sem informar os pais de Shun?' Mencius disse: 'O Tî também sabia que se ele as

informasse, não poderia casar as suas filhas com ele'.

3. Wan Chang disse: "Os seus pais puseram Shun a reparar um celeiro, do qual a escada tinha sido retirada, Kû-sâu ateou-lhe fogo. Também o obrigaram a cavar um poço. Saiu, mas eles, involuntariamente, procederam à sua cobertura. Hsiang disse: "Do plano para encobrir o príncipe formador da cidade, o crédito é todo meu. Deixem os meus pais ficar com os seus bois e ovelhas. Deixem-nos guardar os seus armazéns e espigueiros. O seu escudo e a sua lança devem ser meus. O seu alaúde será meu. O seu arco deve ser meu. Farei com que as suas duas esposas vão à minha cama". Hsiang foi então ao palácio do Shun, e lá estava Shun no seu sofá a tocar o seu alaúde. Hsiang disse: "Eu vim simplesmente porque estava a pensar ansiosamente em ti. Ao mesmo tempo, ela corou profundamente. Shun disse-lhe: "Há todos os meus ministros: encarregar-se-ão do governo deles por mim? Não sei se Shun não sabia que Hsiang o queria matar". Mencius respondeu: "Como poderia ele não saber? Mas quando Hsiang estava triste, também estava triste; quando Hsiang estava alegre, também estava alegre".

4. Chang disse, 'Nesse caso, então, Shun não se alegrou hipocritamente?' Mencius respondeu, 'Não. Tsze-ch'an ordenou ao seu aquariofilista que o mantivesse vivo, mas este último cozinhou-o, e relatou a execução da sua comissão, dizendo: "Quando o libertei pela primeira vez, senti-me envergonhado. Daqui a pouco, parecia estar um pouco à vontade, e depois nadou alegremente". Tsze-ch'an comentou: "Ele entrou no seu elemento! A tabacaria saiu então e disse: "Quem chama a Tszech'an um homem sábio? Depois de ter cozinhado e comido o peixe, ele diz: "Ele tinha entrado no seu elemento! Ele tinha entrado no seu elemento"! Assim, um homem superior pode ser imposto pelo que parece ser como deve ser, mas não pode ser apanhado pelo que é contrário ao princípio do direito. Hsiang veio no caminho que o amor do seu irmão mais velho o teria feito vir; então Shun acreditou sinceramente nele, e ficou contente. Que hipocrisia havia na sua atitude?

Capítulo 3.

1. Wan Chang disse: "Hsiang ocupava-se diariamente em matar Shun. Quando Shun foi feito soberano, como é que só o baniu", disse Mencius: "Ele elevou-o a um príncipe. Alguns supõem que estava a bani-lo".

2. Wan Chang disse: 'Shun baniu o superintendente de obras para Yûchâu; baniu Hwan-tâu para a montanha Ch'ung; matou o príncipe de San-miâo em San-wei; e aprisionou Kwân na montanha Yü. Quando os crimes destes quatro foram assim punidos, todo o reino consentiu: foi uma execução de homens que eram desprovidos de benevolência. Mas Hsiang era, de todos os homens, o mais desprovido de benevolência, e Shun criou-o para ser príncipe de Yû-pî; -- de que crimes tinha o povo de Yû-pî cometido? Será que um homem benevolente age realmente assim? No caso de outros homens, ele eliminou-os; no caso do seu irmão, criou-o para um príncipe". Mencius respondeu: "Um homem benevolente não acumula raiva, nem nutre ressentimento contra o seu irmão, mas apenas o considera com afecto e amor. Se o vê com afecto, deseja que seja honrado; se o vê com amor, deseja que seja rico. A nomeação de Hsiang como príncipe de Yûpî foi para o enriquecer e enobrecer. Se enquanto o próprio Shun era governante, o seu irmão tivesse sido um homem comum, poderia ter sido dito que o considerava com afecto e amor?

3. Wan Chang disse: 'Atrevo-me a perguntar o que quer dizer com algumas pessoas supondo que se tratou de um banimento de Hsiang'. Mencius respondeu: 'Hsiang não podia fazer nada no seu estado. O Filho do Céu nomeou um ministro para administrar o seu governo e para lhe entregar as suas receitas. Este tratamento dele fez com que se dissesse que tinha sido banido. Como poderia ser-lhe permitido os meios para oprimir o povo? Contudo, Shun desejava vê-lo continuamente, e tê-lo presente no tribunal, como a expressão indica: "Ele não esperou pelo tributo que lhe fosse pago, não esperou pela entrega do tributo, nem pelos negócios do governo, para receber o príncipe de Yû-pî.

Capítulo 4.

1. Hsien-ch'iû Mang perguntou a Mencius, dizendo: "Há um ditado que diz: "Um sábio de completa virtude não pode ser empregado como ministro pelo seu soberano, nem tratado como um filho pelo seu pai. Shun estava de pé com o rosto virado a sul, e Yâo, à frente de todos os príncipes, estava diante dele no tribunal com o rosto virado a norte. Kû-sâu também fez o mesmo. Quando Shun viu Kû-sâu, o seu semblante ficou descomposto. Confúcio disse, neste momento, em que estado de perigo se encontrava o reino! Não sei se o que é dito aqui aconteceu realmente. Mencius respondeu: 'Não, estas não são palavras de um homem superior, são as palavras de uma pessoa inculta do leste de Ch'î. Quando Yâo era velho, Shun foi associado a ele no governo. Diz-se no cânone de Yâo: "Após vinte e oito anos, o Altíssimo Mérito faleceu. As pessoas agiram como se estivessem de luto por um pai ou uma mãe durante três anos, e mesmo até às fronteiras dos quatro mares todo o som da música foi silenciado". Confúcio disse: "Não há dois sóis no céu, nem dois governantes sobre o povo". Tendo sido soberano, e, além disso, levando todos os príncipes a observar os três anos de luto por Yâo, teria havido, neste caso, dois soberanos".

2. Hsien-ch'iû Mang disse: "Quanto ao ponto de Shun não tratar Yâo como um ministro, recebi as vossas instruções. Mas é dito no Livro de Poesia,
Por baixo de todo o céu,

Cada lugar é o solo do soberano;
Até aos confins do mundo,
Cada indivíduo é um ministro do soberano;"

--- e Shun tinha-se tornado soberano. Ouso perguntar como é que Kûsâu não foi um dos seus ministros". Mencius respondeu: "Essa ode não deve ser entendida dessa forma: fala de estar laboriosamente ocupado nos assuntos de soberania, para não poder alimentar os seus pais, como se o autor dissesse: "Tudo isto é assunto do soberano, e como é possível que só eu tenha capacidade para o fazer e seja obrigado a trabalhar nisso? Portanto, aqueles que explicam as odes, não podem insistir num termo para fazer violência a uma sentença, nem numa sentença para fazer violência ao âmbito geral. Eles devem tentar com os seus pensamentos encontrar esse alcance, e então compreenderemos isso. Se nos limitarmos a tomar frases únicas, está escrito na ode chamada "A Via Láctea".

Das pessoas de cabelo preto do remanescente de Châu,
nem sequer metade deles restam.

Se tivesse sido realmente como é expresso, então nenhum indivíduo do povo de Châu teria ficado.

3. "De tudo o que um filho filial pode conseguir, não há nada maior do que honrar os seus pais. E de tudo o que se pode conseguir em honrar os pais, não há nada maior do que alimentá-los com todo o reino. Kû-sâu era o pai do soberano; este era o cúmulo da honra. Shun alimentava-o com todo o reino; este era o mais alto dos alimentos. Nisto foi verificado o sentimento no Livro de Poesia,

"Sempre a apreciar pensamentos filiais,
Esses pensamentos filiais tornaram-se um exemplo
para idades posteriores".

4. "Diz-se no Livro da História: "Cumprindo os seus deveres com reverência, ele esperou por Kû-sâu, e estava cheio de veneração e admiração. Kû-sâu também acreditou nele e conformou-se com a virtude". Este é o verdadeiro caso do estudioso da virtude completa que não é tratado como um filho pelo seu pai. '

Capítulo 5.

1. Wan Chang disse: 'Foi o caso de Yâo ter dado o trono a Shun?' Mencius disse: 'O soberano não pode ceder o trono a outro.

2. "Sim; - mas Shun alcançou o trono. Quem lho deu? O céu deu-lho,' foi a resposta.

3. "O Céu deu-lho:" - o Céu conferiu-lhe a sua nomeação com mandatos específicos?

4. Mencius respondeu: 'Não. O céu não fala. Ele simplesmente mostrou a sua vontade pela sua conduta pessoal e direcção dos assuntos".

5. "Ele mostrou a sua vontade através da sua conduta pessoal e da condução dos assuntos. Como foi isto? A resposta de Mencius foi: "O soberano pode apresentar um homem ao Céu, mas não pode fazer com que o Céu lhe dê o trono. Um príncipe pode apresentar um homem ao soberano, mas ele não pode fazer do soberano um príncipe. Um alto funcionário pode apresentar um homem ao seu príncipe, mas ele não pode fazer do príncipe um alto funcionário. Iâo apresentou Shun ao Céu, e o Céu aceitou-o. Ele apresentou-o ao povo, e o povo aceitou-o. Portanto, digo, "o céu não fala, simplesmente indicou a sua vontade pela sua conduta pessoal e pela sua condução dos assuntos".

6. Chang disse: 'Atrevo-me a perguntar como foi que Yâo apresentou Shun ao Céu, e o Céu aceitou-o; e que ele o exibiu ao povo, e o povo o aceitou'. Mencius respondeu: 'Ele fê-lo presidir aos sacrifícios, e todos os espíritos ficaram bem satisfeitos com a sua actuação, e o Céu aceitou-o. Ele fê-lo presidir à direcção dos assuntos do Estado e estes foram bem administrados, de modo que o povo o aceitou. O céu deu-lhe o trono. O povo deu-lho. Foi por isso que eu disse: "O governante não pode dar o trono a outro".

7. 'Shun ajudou Yâo no governo durante vinte e oito anos;-- isto foi mais do que o homem poderia ter feito, e foi do Céu. Após a morte de Iâo, quando os três anos de luto foram concluídos, Shun partiu do filho de Iâo para o sul do rio. Os príncipes do reino, porém, não foram ter com o filho de Iâo, mas sim com Shun. Os litigantes não foram ter com o filho de Yâo, mas sim com Shun. Os cantores não cantavam para o filho de

Yâo, mas cantavam para Shun. Por isso digo: "O céu deu-lhe o trono". Foi depois destas coisas que ele foi para o Reino do Meio, e ocupou a sede do Filho do Céu. Se ele, antes destas coisas, tivesse tomado a sua residência no palácio de Yâo, e pressionado o filho de Yâo, teria sido um acto de usurpação, e não a dádiva do Céu.

8. Este sentimento é expresso nas palavras da Grande Declaração: "O céu vê de acordo com o que o meu povo vê; o céu ouve de acordo com o que o meu povo ouve".

Capítulo 6.

1. Wan Chang perguntou a Mencius: "O povo diz: "Quando a disposição do reino chegou a Yü, a sua virtude era inferior à de Yâo e Shun e ele não a transmitiu ao mais digno, mas sim ao seu filho". Foi assim? Mencius respondeu: "Não, não foi assim. Quando o Céu dá o reino aos mais dignos, dá-o aos mais dignos. Quando o Céu lho deu ao filho do filho do governante anterior, deu-lho a ele. Shun apresentou Yü ao Céu. Passaram-se dezassete anos e Shun morreu. Quando os três anos de luto terminaram, Yü passou do filho de Shun para Yangch'ang. O povo do reino seguiu-o como depois da morte de Yâo, em vez de seguir o seu filho, seguiram Shun. Yü apresentou Yî ao Céu. Passaram-se sete anos e Yü morreu. Quando os três anos de luto tinham decorrido, Yî afastou-se do filho de Yü para o norte do Monte Ch'î. Os príncipes não foram a Yî, mas foram a Ch'î. Os litigantes não foram a Yî, mas foram a Ch'î, dizendo: "Ele é o filho do nosso soberano"; os cantores não cantaram a Yî, mas cantaram a Ch'î, dizendo: "Ele é o filho do nosso soberano".

2. Que Tan-chû não era igual ao seu pai, e o filho de Shun não era igual ao seu; que Shun ajudou Yâo, e Yü ajudou Shun, durante muitos anos, conferindo benefícios ao povo durante muito tempo; que assim durante esse tempo que Shun, Yü, e Yî ajudaram no governo foi tão diferente; que Ch'î foi capaz, como homem de talento e virtude, de seguir reverentemente o mesmo curso que Yü; Yî ajudou Yü apenas durante alguns anos, e não tinha conferido benefícios ao povo; que os períodos de serviço dos três eram tão diferentes; e que os filhos eram um superior, e

o outro inferior: -- tudo isto era do Céu, e o que não pode ser realizado pelo homem, o que é feito sem o homem é do Céu. O que acontece sem que o homem o cause é da ordenança do Céu.

3. "No caso de um particular obter o trono, deve haver nele uma virtude igual à de Shun ou Yü; e, além disso, deve haver a sua apresentação ao Céu pelo soberano precedente. Foi por esta razão que Confúcio não obteve o trono.

4. "Quando o reino é possuído pela sucessão natural, o soberano que é deslocado pelo céu deve ser como Chieh ou Châu. Foi por esta razão que Yî, Î Yin e Châu-kung não obtiveram o trono.

5. 'Î Yin ajudou a T'ang a tornar-se governante do reino. Após a morte de T'ang, tendo T'âi-ting morrido antes de poder ser soberano, Wâ'i-ping reinou dois anos e Chung-zin quatro. T'âi-chiâ estava então a perturbar os estatutos de T'ang, quando Î Yin o colocou em T'ung durante três anos. Aí T'âi-chiâ arrependeu-se dos seus erros, e reformou-se. Em T'ung veio habitar em benevolência e caminhar em justiça, durante esses três anos, ouvindo as lições que lhe foram dadas por Î Yin. Depois Î Yin voltou de novo com ele para Po.

6. "Que Châu-kung não conseguiu o trono foi como o caso de Yî e o trono de Hsiâ, ou como o de Î Yin e o trono de Yin.

7. "Confúcio disse: "T'ang e Yü cederam o trono aos seus dignos ministros. O governante de Hsiâ e os de Yin e Châu transmitiram-na aos seus filhos. O princípio da rectidão era o mesmo em todos os casos".

Capítulo 7.

1. Wan Chang perguntou a Mencius, dizendo: 'O povo diz que Î Yin procurou e introduziu T'ang no governo por causa dos seus conhecimentos de cozinha'. Foi assim?

2. Mencius respondeu: 'Não, não foi assim'. Î Yin era um agricultor nas terras do príncipe de Hsin, deliciando-se com os

princípios de Yâo e Shun. Em qualquer assunto contrário à justiça que prescreveram, ou contrário aos seus princípios, mesmo que o trono lhe tivesse sido oferecido, ele não o teria aceite; mesmo que lhe tivessem sido recolhidos mil jugo de cavalos, ele não teria desejado os cavalos, não teria olhado para eles. Em qualquer assunto contrário à justiça que prescreveram, ou contrário aos seus princípios, ele não teria dado ou mergulhado uma única palha.

3. "T'ang enviou pessoas com dons de seda para o incitarem a entrar ao seu serviço. Com um ar de indiferença e auto-satisfação ele disse: "O que posso fazer com aquelas sedas com as quais T'ang me convida? Não será melhor para mim habitar nos campos canalizados, e assim festejar os princípios de Yâo e Shun?"

4. 'T'ang enviou mensageiros três vezes para o convidar. Depois disto, com a mudança de resolução mostrada no seu semblante, ele falou num estilo diferente,-- "Em vez de habitar nos campos canalizados e assim me deleitar com os princípios de Yâo e Shun, não seria melhor para mim fazer deste príncipe um príncipe como Yâo ou Shun, e estas pessoas como o povo de Yâo ou Shun?não seria melhor para mim, na minha própria pessoa, ver estas coisas por mim mesmo?

5. "O plano do Céu no desenvolvimento da humanidade é este:-- que aqueles que são primeiro informados devem instruir aqueles que são mais tarde para serem informados, e aqueles que são primeiros a compreender os princípios devem instruir aqueles que são mais lentos para o fazerem. Sou um dos povos do céu que primeiro compreendeu os princípios, por isso vou tomá-los e instruir essas pessoas neles. Se eu não os instruir, quem o fará?".

6. "Ele pensou que entre todo o povo do reino, mesmo os homens e mulheres privados, se houvesse alguém que não gozasse de tais benefícios como os que lhe foram conferidos por Yâo e Shun, era como se ele próprio os estivesse a empurrar para uma vala. Ele tomou sobre si o pesado fardo do reino desta forma, e por isso foi a T'ang e exortou-o a atacar Hsiâ e a salvar

o povo.

7. "Não ouvi falar de alguém que se curvou e ao mesmo tempo endireitou os outros; quanto menos se poderia desonrar a si mesmo, e assim rectificar todo o reino? As acções dos sábios têm sido diferentes. Alguns mantiveram-se afastados do tribunal, e alguns aproximaram-se dele; alguns deixaram os seus escritórios, e outros não:-- aquilo em que todos estes diferentes cursos concordam é simplesmente a manutenção pura das suas pessoas.

8. 'Ouvi dizer que Î Yin alcançou uma abordagem a T'ang pelas doutrinas de Yâo e Shun. Não ouvi dizer que o tenha feito por causa dos seus conhecimentos culinários.

9. 'Nas 'Instruções de Î', diz-se, 'O Céu que destrói Chieh começou a atacá-lo no palácio de Mû'. Comecei em "Po".

Capítulo 8.

1. Wan Chang perguntou a Mencius, dizendo, 'Alguns dizem que Confúcio, quando estava em Wei, vivia com o médico das úlceras, e quando estava em Ch'î, com o tratador, Ch'î Hwan; então?' Mencius respondeu, 'Não; não foi assim. São invenções de homens que gostam de coisas estranhas.

2. Quando esteve em Wei, viveu com Yen Ch'âu-yû. As esposas do oficial Mî e Tsze-lû eram irmãs, e Mî disse a Tsze-lû: "Se Confúcio se alojar comigo, ele pode atingir a dignidade de um alto nobre de Wei". Tsze-lû informou Confúcio sobre isto, e disse: "É isso que o Céu ordena". Confúcio entrou em funções de acordo com a lei, e reformou-se de acordo com a justiça. Quanto à obtenção ou não de um cargo, ele disse: "Foi isso que foi ordenado. Mas se ele se tivesse alojado com o tratador Chî Hwan, isso não estaria de acordo com a justiça, nem com qualquer ordem do Céu.

3. "Quando Confúcio, insatisfeito com Lû e Wei, deixou esses Estados, encontrou-se com a tentativa de Hwan, o Mestre da Cavalaria, de Sung, de o interceptar e matar. Assumiu,

contudo, o traje de um homem comum e passou por Sung. Nessa altura, embora se encontrasse em circunstâncias angustiantes, alojou-se com o mestre da cidade de Ch'ang, que era então ministro de Châu, o Marquês de Ch'an.

4. "Ouvi dizer que o carácter dos ministros do tribunal pode ser discernido daqueles que eles entretêm, e o dos funcionários estrangeiros daqueles com quem se alojam. Se Confúcio se tivesse alojado no médico da úlcera e no tratador Chî Hwan, como poderia ele ter sido Confúcio?

Capítulo 9.

1. Wan Chang perguntou a Mencius: "Alguns dizem que Pâi-lî Hsî se vendeu a um pastor de Ch'in pelas peles de cinco carneiros, e alimentou os seus bois, para que o pudessem apresentar ao Duque Mû de Ch'in; foi assim? Mencius disse: "Não, não foi assim. Esta história foi inventada por homens que gostam de coisas estranhas.

2. 'Pâi-lî Hsî era um homem de Yü. O povo de Tsin, pelo presente de uma peça redonda de Ch'ûi-chî jade, e quatro cavalos da raça Ch'ü, emprestaram uma passagem por Yü para atacar Kwo. Nessa ocasião, Kung Chih-ch'î opôs-se ao seu pedido, e Pâi-lî Hsî não se opôs nem protestou.

3. "Quando soube que o duque de Yü não seria reunido de novo, e, tendo setenta anos de idade, deixou esse Estado e foi para Ch'in. Se nessa altura ele não soubesse que seria uma coisa má procurar uma introdução ao Duque Mû de Ch'in alimentando bois, poderia ele ser chamado de sábio? Mas se ele não se queixou quando não fazia sentido fazê-lo, poder-se-ia dizer que não era sensato? Sabendo que o Duque de Yü ficaria arruinado, e deixando-o antes desse acontecimento, não se pode dizer que tenha sido insensato. Estando então avançado em Ch'in, ele sabia que o Duque Mû era um homem com quem iria desfrutar de um vasto campo de acção, e tornou-se ministro para ele, pode dizer-se que ele não era sábio em agir assim? Tendo-se tornado ministro de Ch'in, ele distinguiu o seu príncipe em todo o reino, e o seu exemplo digno de ser transmitido às gerações futuras; -

poderia ele ter feito isto, se não tivesse sido um homem de talento e virtude? Quanto a vender-se para atingir todos os objectivos do seu príncipe, mesmo um aldeão que se preze não faria tal coisa; e será que devemos dizer que um homem de talento e virtude o fez?

Livro 5. Parte 2: Wan Chang

Capítulo 1.

1. Mencius disse: 'Po-î não permitiria que os seus olhos olhassem para uma cena má, nem que os seus ouvidos ouvissem um som desagradável. Ele não serviria um príncipe que não aprovava, nem comandaria um povo que não estimava. Numa época de bom governo, ele assumiu o seu cargo, e quando a confusão surgiu, reformou-se. Não suportava viver num tribunal do qual emanava um governo sem lei, nem entre pessoas sem lei. Considerava que estar no mesmo lugar com um aldeão, era como estar sentado no meio de lama e brasas, com o seu manto de tribunal e o seu boné. No tempo de Châu habitou nas margens do Mar do Norte, à espera da purificação do reino. Portanto, quando os homens ouvem agora o carácter de Po-î, os corruptos tornam-se puros, e os fracos adquirem determinação.

2. Î Yin disse: "Quem posso eu não servir? O meu serviço torna-o meu soberano. Que povo posso eu não comandar? Se eu os comandar, isso faz deles o meu povo. Numa altura de bom governo tomou posse, e quando prevaleceu a confusão, também tomou posse. Ele disse: "O plano do Céu para a evolução da humanidade é este: -- que o primeiro a ser instruído instrua o último a ser instruído, e que o primeiro a compreender os princípios instrua aqueles que são mais lentos a fazê-lo. Sou o primeiro do povo e do céu que aprendeu; -- Tomarei estes princípios e instruirei o povo neles". Ele pensou que entre todas as pessoas do reino, mesmo os homens e mulheres comuns, se houvesse alguém que não partilhasse o gozo de tais benefícios como os conferidos por Yâo e Shun, era como se ele próprio os empurrasse para uma vala;-- pois ele próprio assumiu o pesado fardo do reino.

3. 'Hûi de Liû-hsiâ não tinha vergonha de servir um príncipe impuro, nem lhe parecia baixo ser um oficial inferior. Quando foi promovido a um emprego, não escondeu a sua virtude, mas esforçou-se por levar a cabo os seus princípios. Quando foi despedido e deixado sem cargo, não murmurou.

Quando a pobreza o pressionou, ele não chorou. Quando se viu na companhia do povo da aldeia, sentiu-se à vontade e não suportava deixá-los. Ele tinha um ditado: "Tu és tu, e eu sou eu, quer fiques ao meu lado com o peito e os braços descalços, quer com o teu corpo nu, como me podes contaminar"? Portanto, quando os homens ouvem agora falar do carácter de Hûi de Liü-hsiâ, o meio torna-se generoso, e o mesquinho torna-se esplêndido.

4. "Quando Confúcio deixou Ch'î, espremeu com a mão a água em que o arroz foi lavado, pegou no arroz e foi-se embora. Quando saiu de Lû, disse: "Vou seguir o meu caminho" e deixou o país dos seus pais desta forma. Quando era apropriado partir rapidamente, fê-lo; quando era apropriado atrasar a sua partida, fê-lo; quando era apropriado permanecer reformado, fê-lo; quando era apropriado manter o cargo, fê-lo: isto era Confúcio.

5. Mencius disse, 'Po-î entre os sábios, era o mais puro; Î Yin era o mais inclinado a aceitar um cargo; Hûi de Liû-hsiâ era mais maleável, Liû-hsiâ era o obrigatório; e Confucius era o oportuno.

6. "Em Confúcio temos o que se chama um concerto completo. Um concerto completo é quando o grande sino proclama o início da música e a pedra descascada proclama o seu fim. O som do latão inicia a harmonia combinada de todos os instrumentos, e a corda com a pedra termina essa harmonia combinada. O início dessa harmonia é o trabalho da sabedoria. O seu fim é um trabalho de sabedoria.

7. "Como comparação para a sabedoria, podemos compará-la à habilidade, e como comparação para a sagacidade, podemos compará-la à força; -- como no caso de disparar contra um alvo a uma distância de cem passos. O facto de ter atingido o alvo deve-se à sua força, mas o facto de ter atingido o alvo não se deve à sua força, mas à sua habilidade".

Capítulo 2.

1. Pêi-kung Î perguntou a Mencius, dizendo: 'Qual foi a

disposição das dignidades e emolumentos determinada pela Casa de Châu?

2. Mencius respondeu: "Os detalhes desse arranjo não podem ser conhecidos, pois os príncipes, não gostando dele como prejudicial para eles, removeram os registos dos mesmos. Aprendi, no entanto, as suas linhas gerais.

3. "O FILHO DO CÉU constituiu uma dignidade; o KUNG; o HÂU um; o PÂI um; e o TSZE e o NAN cada um de igual nível: no total, cinco graus de nível. O REGULADOR, por outro lado, constituiu uma dignidade; o PRINCÍPIO MINISTRO; o GRANDE ELEVADO OFICIAIS; os ESCOLARES DA PRIMEIRA CLASSE; os da classe média, um; e os da classe mais baixa, um, fazendo em todos os seis graus de dignidade.

4. "Ao Filho do Céu foi atribuído um território de mil lî quadrado. Um Kung e um Hâu tinham cada um cem lî quadrados. Um Pâi tinha setenta lî, e um Tsze e um Nan tinham cada um cinquenta lî. As atribuições ao todo eram de quatro quantidades. Quando o território não chegava a cinquenta lî, o chefe não podia ele próprio ter acesso ao Filho do Céu. A sua terra estava ligada a algum navio Hâu, e chamava-se FÛ-YUNG.

5. "Os Ministros Chefes do Filho do Céu receberam uma quantidade de território igual à de um Hâu; um Grande Oficial recebeu tanto como um Pâi; e um estudioso de primeira classe tanto como um Tsze ou um Nan.

6. Num grande Estado, onde o território era cem lî quadrados, o governante tinha dez vezes mais rendimentos do que os seus ministros chefes; um ministro chefe quatro vezes mais do que um alto funcionário; um grande funcionário duas vezes mais do que um funcionário de primeira classe, duas vezes mais do que um estudioso de primeira classe, duas vezes mais do que um da classe média; um sábio da classe média duas vezes mais do que um da classe mais baixa; os sábios da classe

mais baixa, e os das pessoas comuns que trabalhavam nos gabinetes do governo, tinham tanto emolumento como teriam ganho com o cultivo dos campos.

7. "Num Estado da ordem seguinte, onde o território era setenta quadrados li, o governante tinha dez vezes mais rendimentos do que o seu ministro chefe; um ministro chefe três vezes mais do que um alto funcionário; um alto funcionário duas vezes mais do que um funcionário de primeira classe; um funcionário de primeira classe duas vezes mais do que um funcionário de classe média; um sábio de classe média duas vezes mais do que um sábio de classe baixa; os sábios de classe baixa, e as pessoas comuns empregadas nos gabinetes do governo, tinham tanto emolumento como teriam ganho ao cultivar os campos.

8. Num Estado pequeno, cujo território tinha cinquenta milhas quadradas, o governante tinha dez vezes mais rendimentos do que o seu ministro-chefe; um ministro-chefe tinha o dobro de um Alto Funcionário; um Alto Funcionário tinha o dobro de um sábio da classe mais alta; um sábio da classe mais alta duas vezes mais do que um da classe média, e este último duas vezes mais do que um da classe mais baixa; os sábios da classe mais baixa, e os cidadãos das pessoas comuns que estavam empregados nos gabinetes governamentais, tinham o mesmo, tinham o mesmo emolumento, ou seja, o mesmo que teriam ganho se cultivassem os campos.

9. "Quanto àqueles que cultivavam os campos, cada agricultor recebeu cem mâu. Quando estes mâu foram pagos, os melhores agricultores da classe mais alta apoiaram nove indivíduos, e os que os seguiram apoiaram oito. Os melhores operários da segunda classe apoiavam sete indivíduos, e os que os seguiam seis, enquanto que os da classe mais baixa apoiavam apenas cinco. Os salários das pessoas comuns que trabalhavam nos gabinetes governamentais eram regulados de acordo com estas diferenças.

Capítulo 3.

1. Wan Chang perguntou a Mencius, dizendo: 'Atrevo-me a perguntar sobre os princípios da amizade'. Mencius respondeu: 'A amizade deve ser mantida sem qualquer presunção baseada na superioridade da idade, posição ou circunstâncias dos parentes. A amizade com um homem é amizade com a sua virtude, e não admite nenhuma suposição de superioridade.

2. "Havia Mang Hsien, chefe de uma família de uma centena de carruagens. Ele tinha cinco amigos, nomeadamente, Yo-chang Chiû, Mû Chung e três outros cujos nomes esqueci. Com estes cinco homens Hsien manteve uma amizade, porque eles não pensavam nada da sua família. Se eles tivessem pensado na sua família, ele não teria mantido a sua amizade com eles.

3. "Não é apenas o chefe de família de uma centena de carruagens que tem agido assim. O mesmo foi exemplificado pelo governante de um pequeno estado. O Duque Hûi de Pî disse: "Eu trato Tsze-sze como meu Mestre, e Yen Pan como meu amigo. Quanto a Wang Shun e Ch'ang Hsî, eles servem-me".

4. "Não é apenas o governante de um pequeno Estado que agiu assim. O mesmo tem sido exemplificado pelo governante de um grande estado. Havia o Duque P'ing de Tsin com Hâi T'ang:- quando T'ang lhe disse para entrar em sua casa, ele veio; quando lhe disse para se sentar, ele sentou-se; quando lhe disse para comer, ele comeu. Pode haver apenas sopa grosseira de arroz e vegetais, mas ele comeu sempre o seu recheio, não se atrevendo a fazer mais nada. Aqui, no entanto, ele pararia e não iria mais longe. Não o chamou para partilhar os lugares do Céu, nem para governar nenhum dos escritórios do Céu, nem para participar em nenhum dos emolumentos do Céu. A sua conduta não foi mais do que a de um estudioso, honrando virtudes e talentos, não as honras de um rei ou de um duque.

5. 'Shun foi ao tribunal e viu o governante, que o apresentou como seu genro no segundo palácio. O governante também desfrutou ali da hospitalidade de Shun. Em alternativa, foi anfitrião e convidado. Aqui estava o governante a manter a

amizade com um homem privado.

6. O respeito demonstrado pelos inferiores aos superiores é chamado de dar aos nobres a observância devido à sua posição. O respeito demonstrado pelos superiores aos inferiores é chamado de honrar talentos e virtudes. A justiça em cada caso é a mesma".

Capítulo 4.

1. Wan Chang perguntou a Mencius, dizendo: 'Atrevo-me a perguntar que sentimento da mente é expresso nos dons da amizade'. Mencius respondeu, 'O sentimento de respeito'.

2. "Como é possível", continuou Chang, "que a recusa de um presente seja considerada desrespeitosa? A resposta foi: "Quando alguém de honrado nível apresenta um presente, deve-se pensar: "A forma como o recebeu foi justa ou não? Eu deveria saber antes de o receber", é considerado desrespeitoso, e portanto desrespeitoso, e por isso os presentes não são recusados".

3. Wan Chang perguntou novamente: "Quando não se toma a si próprio em tantas palavras expressas para recusar o presente, mas declina-o no seu coração dizendo: "Foi tomado injustamente pelo povo", e depois acrescenta alguma outra razão para não o receber, não será isto a coisa certa a fazer? Mencius disse: "Quando o doador o oferece por motivos razoáveis, e a sua forma de o fazer está de acordo com o que é apropriado; -- nesse caso, Confúcio tê-lo-ia recebido".

4. Wan Chang disse: "Aqui está alguém que detém e rouba pessoas fora dos portões da cidade. Ele oferece o seu presente por uma razão, e fá-lo de uma forma adequada; seria adequado recebê-lo mesmo que tenha sido adquirido por roubo? Mencius respondeu: "Não seria apropriado". No "Anúncio a Kang" é dito: "Quando os homens matam Quando os homens matam outros, e rolam sobre os seus corpos para tomar os seus bens, sendo imprudentes e sem medo da morte, entre todas as pessoas não há ninguém que os deteste Portanto, estas personagens devem ser

executadas sem esperar por aviso prévio. Yin recebeu esta regra de Hsiâ e Châu recebeu-a de Yin. Não pode ser questionado, e até hoje é claramente reconhecido. Como se pode receber a burla de um ladrão?".

5. Chang disse: "Os príncipes de hoje tiram do seu povo como um ladrão despoja a sua vítima. No entanto, se puserem uma boa cara de decência nos seus dons, então o homem superior recebe-os. Atrevo-me a perguntar como se explica isto". Mencius respondeu: "Pensais que, se um soberano verdadeiramente benevolente se levantasse, reuniria os príncipes dos dias de hoje e os mataria a todos? Ou os admoestaria, e depois, se não mudassem os seus caminhos, os mataria? De facto, chamar ladrão a todos os que levam o que não lhe pertence, é empurrar ao máximo a semelhança, e insistir na mais refinada ideia de justiça. Quando Confúcio estava no cargo em Lû, as pessoas lutaram juntas por jogo, e ele também fez o mesmo. Se essa luta por um jogo capturado fosse apropriada, quanto mais podem ser recebidos os presentes dos príncipes".

6. Chang insistiu: "Devemos supor, então, que quando Confúcio ocupou o seu cargo, era uma questão de pôr em prática as suas doutrinas? Mencius respondeu que sim, e Chang respondeu: 'Se a prática das suas doutrinas era assunto seu, o que tinha a ver com essa luta pela presa capturada?' Mencius disse: 'Confúcio primeiro rectificou os seus recipientes de sacrifício de acordo com os registos, e não os encheu assim rectificados com alimentos recolhidos de todo o lado. Mas porque é que ele não foi?' Ele queria tentar pôr em prática as suas doutrinas. Quando esse teste foi suficiente para mostrar que podiam ser postos em prática e ainda não eram praticados, então ele partiu, e foi assim que nunca completou em nenhum Estado uma residência de três anos.

7. "Confúcio tomou posse quando viu que a prática das suas doutrinas era provável; tomou posse quando a sua recepção foi adequada; tomou posse quando foi apoiado pelo Estado. No caso da sua relação com Chî Hwan, ele assumiu o cargo, visto que a prática das suas doutrinas era provável. Com o Duque Ling de Wei tomou posse, porque a sua recepção foi adequada.

Com o Duque Hsiâo de Wei ele assumiu o cargo, porque foi mantido pelo Estado".

Capítulo 5.

1. Mencius disse: "Não se procura um cargo por causa da pobreza, mas há alturas em que se procura um cargo por essa razão. O casamento não é celebrado por causa de ser cuidado pela esposa, mas há alturas em que se casa por esse motivo.

2. "Aquele que toma posse por causa da sua pobreza deve declinar um cargo honroso e ocupar um cargo humilde; deve rejeitar as riquezas e preferir ser pobre.

3. "Que cargo estará de acordo com este declínio de uma posição honrosa e ocupando uma posição baixa, esta riqueza em declínio e preferindo ser pobre? Tal como guardar os portões, ou bater no bastão do vigilante.

4. 'Confúcio já foi responsável pelas lojas, e depois disse: "Os meus cálculos devem estar correctos. É só com isso que tenho de me preocupar". Ele já foi responsável pelos campos públicos, e depois disse: "Os bois e ovelhas devem ser gordos, fortes e superiores. É só com isso que tenho de me preocupar".

5. "Quando se está numa situação baixa, falar de coisas altas é um crime. Quando um estudioso se encontra na corte de um príncipe e os seus princípios não são postos em prática, é uma vergonha para ele.

Capítulo 6.

1. Wan Chang disse: 'Qual é a razão pela qual um estudioso não aceita o apoio declarado de um príncipe?' Mencius respondeu: 'Ele não pretende fazê-lo. Quando um príncipe perde o seu estado e depois aceita um apoio declarado de outro príncipe, isto está de acordo com a propriedade. Mas para um estudioso aceitar tal apoio de qualquer um dos príncipes não está de acordo com o que é correcto.

2. Wan Chang disse: 'Se o príncipe lhe envia um presente de cereais, por exemplo, ele aceita?' 'Ele aceita', respondeu Mencius. "Em que princípio de retidão o aceita?" - Bem... o príncipe deve ajudar o povo nas suas necessidades.

3. Chang prosseguiu: 'Porque é que o estudioso aceita assim a ajuda do príncipe, mas não aceita o seu pagamento?' A resposta foi: 'Ele não tenciona fazê-lo'. Atrevo-me a perguntar porque é que ele não se atreve a fazê-lo. Mesmo os porteiros, com o seu pessoal de vigia, têm os seus escritórios regulares para os quais podem contar com o apoio do príncipe. Aquele que sem um cargo regular deve receber o pagamento do príncipe deve ser considerado desrespeitoso.

4. Chang perguntou: "Se o príncipe envia um presente a um estudioso, ele aceita-o. Não sei se este presente pode ser repetido constantemente". Mencius respondeu: "A conduta do Duque Mû em relação a Tsze-sze é um exemplo, ele perguntou frequentemente sobre a saúde de Tsze-sze, e enviou-lhe presentes frequentes de carne cozinhada. Tsze-sze ficou descontente; e, tendo feito sinal ao mensageiro para sair do grande portão, inclinou a cabeça para o chão com o rosto virado para o norte, fez dois arcos, e recusou o presente, dizendo: 'A partir deste momento saberei que o príncipe me apoia como um cão ou um cavalo'. E assim, a partir desse momento, nenhum servo foi enviado novamente com os presentes. Quando um príncipe diz que está satisfeito com um homem de talentos e virtudes, e não pode promovê-lo ao cargo, nem mantê-lo na devida forma, pode dizer-se que está satisfeito com ele?

5. Chang disse: "Atrevo-me a perguntar como o soberano de um Estado, quando deseja apoiar um homem superior, para que se possa dizer que o faz da forma adequada". Mencius respondeu: "No início, o presente deve ser oferecido com a comissão do príncipe, e o estudioso, curvado duas vezes com a cabeça inclinada ao chão, irá recebê-lo. Mas depois disto, o armazenista continuará a enviar cereais, e o mestre cozinheiro enviará carne, apresentando-a como se não existisse a comissão expressa do príncipe. Tsze-sze considerava a carne como sendo

a própria comida do príncipe, dando-lhe o trabalho de ter de lhe prestar constantemente homenagem, o que não era forma de apoiar um homem superior.

6. 'A conduta de Twas Yâo para com Shun:-- Ele fez com que os seus nove filhos o servissem, e deu-lhe as suas duas filhas em casamento; fez com que os vários oficiais, bois e ovelhas, armazéns e espigueiros, todos prontos para apoiar Shun no meio dos campos canalizados, e depois elevou-o à posição mais exaltada. Daí a expressão: "A honra da virtude e os talentos próprios de um rei ou de um duque".

Capítulo 7.

1. Wan Chang disse: "Atrevo-me a perguntar que princípio de rectidão é para um estudioso não ir ver príncipes". Mencius respondeu: "Um estudioso que reside na cidade é chamado 'ministro da praça' e um que reside no país é chamado 'ministro da erva e das plantas'. Em ambos os casos ele é um homem comum, e é a regra que homens comuns, quando se apresentam e se tornam ministros, não devem presumir ter entrevistas com o príncipe".

2. Wan Chang disse: "Se um homem comum é chamado para prestar algum serviço, ele vai e executa-o; como é que um estudioso, quando o príncipe deseja vê-lo e o chama à sua presença, se recusa a ir? Mencius respondeu: "É correcto ir e executar o serviço; não seria correcto ir ver o príncipe".

3. "E", acrescentou Mencius, "por que razão deseja o príncipe ver o sábio? Devido ao seu vasto conhecimento, ou devido ao seu talento e virtude", foi a resposta de Mencius. Se é pelo seu vasto conhecimento, disse Mencius, "tal pessoa é um mestre, e o soberano não o chamaria, quanto menos pode um príncipe? Se é pelo seu talento e virtude, então não ouvi dizer que alguém que deseje ver uma pessoa com essas qualidades o chamaria à sua presença.

4. Durante as frequentes entrevistas do duque Mû com Tsze-sze, este último disse-lhe um dia: "Em tempos antigos, os príncipes com um exército de mil carruagens eram amigos dos estudiosos; o que pensa de uma tal relação? Tsze-sze ficou descontente e disse: "Os antigos disseram: 'O erudito deve ser servido:' Como poderiam simplesmente dizer-lhe para ser amigo? Quando Tsze-sze ficou assim descontente, não disse dentro de si: "No que diz respeito às nossas posições, o senhor é soberano e eu sou um súbdito. Como posso eu presumir amizade com o meu soberano? Como podeis estar em termos de amizade comigo?" Assim, quando um governante de um estado poderoso com um exército de mil carruagens queria ser amigo de um erudito, não conseguia realizar o seu desejo: quanto menos podia chamá-lo à sua presença!

5. O Duque Ching de Ch'î, uma vez, quando estava a caçar, chamou o seu guarda de caça com uma bandeira. O guarda de caça recusou-se a ir, e o duque ia matá-lo. Com referência a este incidente, Confúcio disse: "O oficial resoluto nunca esquece que o seu fim pode estar numa vala ou num riacho; o corajoso oficial nunca esquece que pode perder a sua cabeça". O que é que Confúcio aprovou no silvicultor? Ele aprovou que não fosse ao duque, quando foi convocado porque considerava que não era apropriado para ele".

6. Chang disse: 'Posso perguntar com o que um guarda de caça deve ser convocado?' Mencius respondeu: 'Com uma touca de pele. Um homem comum deve ser convocado com uma bandeira simples; um estudioso que tenha tomado posse, com um que tenha bordado dragões; e um alto funcionário, com um que tenha penas suspensas da parte superior do pessoal.

7. "Quando o guarda-florestal foi convocado com atributos correspondentes aos de um alto funcionário, ele teria morrido antes de ousar ir. Se um homem comum fosse convocado com os atributos de um erudito, como poderia ele presumir ir? Quanto mais podemos esperar que esta recusa vá, quando um homem de talento e virtude é convocado de uma forma imprópria ao seu carácter.

8. Quando um príncipe deseja ver um homem de talento e virtude, e não emprega a forma adequada para obter o seu desejo, é como se desejasse entrar no seu palácio, e fechar a porta sobre ele. Agora, a rectidão é o caminho e a correcção é a porta, mas só o homem superior pode seguir este caminho, e sair e entrar por esta porta. É dito no Livro de Poesia:

"O caminho para Châu é nivelado como uma pedra de afiar,
E direito como uma flecha.
Os funcionários pisam-na,
E as pessoas abaixo vêem-no".

Wan Chang disse: "Quando Confúcio recebeu a mensagem do príncipe a chamá-lo, foi sem esperar pela sua carruagem. Ao fazer isso, será que Confúcio fez mal? Confúcio fez mal", respondeu Mencius, 'Confúcio estava em funções, e devia observar as suas próprias funções. E além disso, foi convocado para os negócios do seu escritório.

Capítulo 8.

1. Mencius disse a Wan Chang: 'O estudioso cuja virtude é mais distinta numa aldeia será amigo de todos os estudiosos virtuosos da aldeia. O estudioso cuja virtude se distingue mais em todo um Estado será amigo de todos os estudiosos virtuosos desse Estado. O estudioso cuja virtude se distingue mais em todo o reino deve ser amigo de todos os estudiosos virtuosos do reino.

2. Quando um estudioso sente que a sua amizade com todos os estudiosos virtuosos do reino não é suficiente para o satisfazer, ele ascende para considerar os homens da antiguidade. Repete os seus poemas, e lê os seus livros, e como não sabe o que foram como homens, para o verificar, considera a sua história. Isto é ascendente e amigo dos homens da antiguidade".

Capítulo 9.

1. O rei Hsüan de Ch'î perguntou sobre o gabinete dos altos ministros. Mencius disse: "Do que é que Vossa Majestade pergunta?" "Há diferenças entre eles?" perguntou o rei. A resposta foi: "Há. Há altos ministros que são nobres e parentes do príncipe, e aqueles que têm outro apelido". O rei disse: "Gostaria de perguntar sobre os altos ministros que são nobres e parentes do príncipe. Mencius respondeu: 'Se o príncipe comete grandes falhas, eles devem repreendê-lo, e se ele não os ouvir depois de o terem feito repetidamente, devem repreendê-lo, depois de o terem feito repetidamente, devem destroná-lo'.

2. O rei ao ouvir isto pareceu comovido, e mudou o seu semblante.

3. Mencius disse: "Não deixeis que a sua majestade seja ofendida". Perguntou-me, e não me atrevo a responder-lhe a não ser de acordo com a verdade.

4. O semblante do rei foi composto, e depois pediu para ser interrogado sobre os altos ministros que tinham um apelido diferente do do príncipe. Mencius disse: "Quando o príncipe comete falhas, eles devem censurá-lo, e se não os ouvirem depois de o terem feito repetidamente, devem abandonar o estado.

O Livro de Mencius

Livro 6. Parte 1: Kao Tsze

Capítulo 1.

1. O filósofo Kâo disse: "A natureza do homem é como ch'î-sauce, e a rectidão é como uma taça ou uma taça. Moldar a benevolência e a justiça a partir da natureza do homem é como fazer taças e taças a partir do ch'î-sauce.

2. Mencius respondeu: "Podeis, deixando intacta a natureza do salgueiro, fazer taças e taças com ele? Se tens de fazer violência e ferir o salgueiro para fazer taças e taças dele, tens de fazer da mesma forma violência e ferir a humanidade para moldar a partir dele a benevolência e a justiça! As vossas palavras, infelizmente! levariam certamente todos os homens a considerar a benevolência e a rectidão como calamidades".

Capítulo 2.

1. O filósofo Kâo disse: "A natureza do homem é como a água a virar num canto. Abram alas para leste, e ele fluirá para leste; abram alas para oeste, e ele fluirá para oeste. A natureza do homem é indiferente ao bem e ao mal, tal como a água é indiferente ao leste e ao oeste".

2. Mencius respondeu: "A água fluirá indiferentemente para leste ou para oeste, mas fluirá indiferentemente para cima ou para baixo? A tendência da natureza do homem para o bem é como a tendência da água a fluir para baixo. Não há ninguém que não tenha esta tendência para o bem, tal como todas as águas fluem para baixo.

3. "Agora, batendo na água e fazendo-a saltar, pode fazê-la passar sobre a sua testa e, ao represá-la e conduzi-la, pode forçá-la a subir uma colina; mas será que tais movimentos estão de acordo com a natureza da água? É a força aplicada que os provoca. Quando os homens são obrigados a fazer o que não é

bom, a sua natureza é tratada desta forma".

Capítulo 3.

1. O filósofo Kâo disse: 'A vida é aquilo a que chamamos natureza'!

2. Mencius perguntou-lhe: 'Dizes que por natureza compreendes a vida, tal como dizes que o branco é branco?' 'Sim, digo que sim', foi a resposta. Mencius acrescentou: 'A brancura de uma pena branca é como a de neve branca, e a brancura de neve branca como a de jade branco?' Kâo disse novamente 'Sim'.

3. "Muito bem", continuou Mencius. "É a natureza de um cão como a natureza de um boi, e a natureza de um boi como a natureza de um homem?

Capítulo 4.

1. O filósofo Kâo disse: "Desfrutar da comida e deleitar-se com as cores é a natureza. A benevolência é interna e não externa; a justiça é externa e não interna".

2. Mencius perguntou-lhe: 'Qual é a razão da tua afirmação de que a benevolência é interna e a justiça externa?' Ele respondeu: 'Há um homem mais velho do que eu, e eu honro a sua idade. Não que haja primeiro em mim um princípio de tal reverência pela idade. É como quando há um homem branco, e eu considero-o como branco; de acordo com o que ele é tão externamente a mim. Por esta razão, declaro que "a rectidão é exterior".

3. Mencius disse: "Não há diferença entre o nosso pronunciar um cavalo branco ser branco e o nosso pronunciar um homem branco ser branco. Mas não há diferença entre a consideração com que reconhecemos a idade de um cavalo velho e aquela com que reconhecemos a idade de um homem velho? E o que se chama justiça? O facto de um homem ser velho? Ou o facto de darmos honra à sua idade?

4. Kâo disse: "Ali está o meu irmão mais novo; eu amo-o. Mas o irmão mais novo de um homem de Ch'in eu não amo: ou seja, o sentimento é determinado por mim mesmo, e por isso digo que a benevolência é interna. Por outro lado, dou honra a um ancião de Ch'û, e também dou honra a um ancião do meu próprio povo: ou seja, o sentimento é determinado pela idade, e por isso digo que "a justiça é externa".

5. Mencius respondeu-lhe: "O nosso gozo de carne assada por um homem de Ch'in não difere do nosso gozo de carne assada por nós próprios. Assim, o que insiste em fazer também no caso de tais coisas, e irá também dizer que o nosso gozo de um assado é externo?

Capítulo 5.

1. O discípulo Mang Chî perguntou a Kung-tû, dizendo: 'Em que base se diz que a justiça é interna?

2. Kung-tû respondeu: "Nele agimos por respeito, e por isso diz-se que é interno".

3. O outro objectou: "Suponha o caso de um aldeão mais velho do que o seu irmão mais velho por um ano, a qual deles você mostraria mais respeito? Ao meu irmão", foi a resposta. Mas por qual deles serviria vinho primeiro num banquete? argumentou Mang Chî, 'Agora o seu sentimento de reverência recai sobre um, e agora a honra devida à idade é dada ao outro; - - isto é certamente determinado pelo que está fora, e não procede de dentro.

4. Kung-tû não pôde responder, e relacionou a conversa com Mencius. Mencius disse: "Devias perguntar-lhe: "A quem respeitas mais, ao teu tio ou ao teu irmão mais novo? "Ele responderá: "Meu tio". Pergunta-lhe novamente se o teu irmão mais novo se está a fazer passar por um antepassado morto, com o qual mostras mais respeito, a ele ou ao teu tio"? Ele dirá: "Ao meu irmão mais novo". Pode continuar: "Mas onde está o

respeito devido, como disse, ao seu tio?" Ele irá responder: "Eu mostro respeito pelo meu irmão mais novo, devido à posição que ele ocupa", e também se pode dizer: "Portanto, o meu respeito pelo aldeão deve-se à posição que ele ocupa". Normalmente, o meu respeito é pago ao meu irmão mais velho; por um curto período de tempo, ocasionalmente, é pago ao aldeão".

5. Mang Chî ouviu isto e observou: "Quando o respeito é devido ao meu tio, eu respeito, e quando o respeito é devido ao meu irmão mais novo, eu respeito-o, a coisa é certamente determinada pelo que está fora, e não procede de dentro". Kung-tû respondeu: "No Inverno bebemos coisas quentes, no Verão bebemos coisas frias; e assim, de acordo com o vosso princípio, comer e beber também depende do exterior!"

Capítulo 6.

1. O discípulo Kung-tû disse: "O filósofo Kâo diz: "A natureza do homem não é boa nem má".

2. "Alguns dizem: "A natureza do homem pode ser feita para praticar o bem, e pode ser feita para praticar o mal, e consequentemente, sob Wan e Wû, as pessoas amavam o que era bom, enquanto sob Yû e Lî, elas amavam o que era cruel".

3. "Alguns dizem: "A natureza de uns é boa, e a natureza de outros é má. Por conseguinte, sob um soberano como Yâo ainda apareceu Hsiang; que com um pai como Kû-sâu ainda apareceu Shun; e que com Châu para um soberano, e para além do filho do seu irmão mais velho, havia Ch'î, o visconde de Wei, e o príncipe Pî-Kan.

4. "E agora diz: "A natureza é boa". Então tudo isso está errado?

5. Mencius disse: "Pelos sentimentos que lhe são próprios, ele é constituído para a prática do bem. Isto é o que quero dizer quando digo que a natureza é boa.

6. "Se os homens fazem o que não é bom, a culpa não pode ser imputada aos seus poderes naturais.

7. "O sentimento de comiseração pertence a todos os homens; também o de vergonha e aversão; e o de reverência e respeito; e o de aprovação e desaprovação. O sentimento de comiseração implica o princípio da benevolência; o da vergonha e da aversão, o princípio da rectidão; o da reverência e do respeito, o princípio da propriedade; e o da aprovação e da desaprovação, e o princípio do conhecimento. Benevolência, rectidão, propriedade e conhecimento não são infundidos de fora. Estamos certamente dotados com eles. E um ponto de vista diferente é simplesmente devido à falta de reflexão. É por isso que se diz: "Procure-os e irá encontrá-los". Negligencie e irá perdê-los. Os homens diferem uns dos outros em relação a eles; -- uns tanto como os outros, uns cinco vezes mais, e outros numa quantidade incalculável:-- é porque não podem desenvolver plenamente as suas faculdades naturais.

8: "Diz-se no Livro de Poesia,

"O céu em gerar a humanidade",
deram-lhes as suas várias faculdades e relações com as suas leis específicas.
Estas são as regras invariáveis da natureza para que todos possam manter,
E todos adoram esta admirável virtude.

Confúcio disse: "O criador desta ode conhecia de facto o princípio da nossa natureza"! Assim podemos ver que cada faculdade e relação deve ter a sua lei, E uma vez que existem regras invariáveis para todos guardarem, por isso amam esta admirável virtude.

Capítulo 7.

1. Mencius disse: "Nos anos bons, os filhos do povo são maioritariamente bons, enquanto que nos anos maus, a maioria

deles abandona-se ao mal. Não é devido a qualquer diferença nas suas qualidades naturais conferidas pelo Céu que elas são assim diferentes. O abandono deve-se às circunstâncias pelas quais permitem que as suas mentes fiquem presas e se afoguem no mal.

2. "Agora é a cevada.... Que seja semeado e coberto; sendo o solo e o tempo de sementeira também o mesmo, cresce rapidamente e, quando chega o tempo da sementeira, está tudo maduro. Mesmo que haja desigualdades nos produtos, isto deve-se à diferença no solo, rico ou pobre, à desigualdade nos nutrientes do solo, das chuvas, e às diferentes formas como o homem desenvolveu a sua actividade em relação a ele.

3. "Assim, todas as coisas que são da mesma espécie são iguais: porque devemos duvidar do homem, como se ele fosse uma excepção isolada? Os sábios e nós somos do mesmo tipo".

4. "Assim, o estudioso Lung disse: "Se um homem faz sandálias de cânhamo sem saber o tamanho dos pés das pessoas, eu sei que ele não as fará como cestos. As sandálias são todas iguais, porque os pés de todos os homens são iguais.

5. "Assim, com a boca e os gostos;-- todas as bocas têm os mesmos gostos. Yî-yâ só apreciava perante mim o sabor da minha boca. Suponha que a sua boca no seu gosto pelos sabores difere da de outros homens, como é o caso de cães ou cavalos que não são iguais em género connosco, porque é que todos os homens devem ser classificados após Yî-yâ nos seus gostos? Em matéria de sabores, todas as pessoas se modelam a si próprias depois de Yî-yâ; ou seja, as bocas de todos os homens são como as de um só.

6. "E assim é também com a audição. Em matéria de som, todas as pessoas seguem o padrão do mestre da música K'wang; ou seja, os ouvidos de todos os homens são semelhantes uns aos outros.

7. "E assim é também com o olho. No caso de Tsze-tû, não

há homem que não reconheça a sua beleza. Quem não reconhece a beleza de Tsze-tû não deve ter olhos.

8. "Portanto, digo que a boca dos homens concorda em ter os mesmos gostos; os seus ouvidos concordam em desfrutar dos mesmos sons; os seus olhos concordam em reconhecer a mesma beleza:- será que apenas as suas mentes estarão sem aquilo que aprovam de forma semelhante? O que é, então, que eles aprovam de forma semelhante? São, digo eu, os princípios da nossa natureza, e as determinações da justiça. Os sábios aprenderam perante mim apenas aquilo que a minha mente aprova juntamente com outros homens. Portanto, os princípios da nossa natureza e as determinações de justiça são agradáveis à minha mente, tal como a carne dos animais alimentados com erva e cereais é agradável à minha boca".

9. Mencius disse: "As árvores do Monte Niû foram outrora belas. No entanto, estando situados nas fronteiras de um grande Estado, foram abatidos com machados e machetes; e poderiam eles manter a sua beleza? Ainda através da actividade da vida vegetativa dia e noite, e da influência nutritiva da chuva e do orvalho, eles não cessaram de brotar, mas depois o gado e os caprinos vieram e alimentaram-se deles. É a estas coisas que devemos a aparência nua e despojada da montanha, e quando as pessoas a vêem agora, pensam que nunca foi bem arborizada. Mas será esta a natureza da montanha?"

10. E também do que propriamente pertence ao homem; dir-se-á que falta benevolência e justiça à mente de qualquer homem? A forma como um homem perde a sua própria bondade de espírito é como a forma como as árvores são despojadas por machados e machetes. Desgastada dia após dia, poderá a mente reter a sua beleza? Mas há um desenrolar da sua vida dia e noite, e no ar calmo da manhã, apenas entre a noite e o dia, a mente sente até certo ponto os desejos e aversões próprios da humanidade, mas o sentimento não é forte, e é travado e destruído pelo que acontece durante o dia. Como este encadeamento ocorre repetidamente, a influência restauradora da noite não é suficiente para a bondade da mente; e quando é

insuficiente para o efeito, a natureza não se torna diferente da dos animais irracionais, e quando as pessoas a vêem agora, pensam que nunca teve os poderes que eu reivindico. Mas será que representa os sentimentos próprios da humanidade?

Capítulo 8.

1. "Portanto, se receber a sua alimentação adequada, não há nada que não cresça. Se perder a sua alimentação adequada, não há nada que não se decomponha.

2. "Confúcio disse: "Segura-o bem e ele ficará contigo". Deixe-o ir e perdê-lo-á. A sua saída e entrada não pode ser definida no tempo ou no lugar". É a mente de quem diz isto!

Capítulo 9.

1. Mencius disse: "Não admira que o rei não seja sábio!

2. "Suponha o caso da planta que cresce mais facilmente no mundo, se a deixar ter um dia de grande calor, e depois expô-la durante dez dias ao frio, não conseguirá crescer. Raramente tenho uma audiência com o rei, e quando me retiro, todos aqueles que agem como se estivessem com frio vêm. Mesmo que eu consiga trazer à tona alguns rebentos de bondade, para que serve isto?

3. "O jogo de xadrez é apenas uma pequena arte, mas sem toda a sua mente sem toda a sua mente e sem que a ela se dedique, um homem não pode ser bem sucedido. Ch'iû é o melhor jogador de xadrez de todo o reino. Suponhamos que está a ensinar dois homens a brincar. O primeiro dedica toda a sua mente ao assunto e põe nele toda a sua vontade, não fazendo mais do que ouvir o jogador de xadrez Ch'iû. O outro, embora pareça ouvi-lo, tem toda a sua mente num cisne que pensa estar a aproximar-se, e deseja dobrar o seu arco, encaixar o cordel na flecha, e dispará-lo. Embora esteja a aprender com o outro, não se aproxima dele. Porquê, porque a sua inteligência não é igual? Não é assim.

Capítulo 10.

1. Mencius disse: "Eu gosto de peixe, e também gosto de patas de urso". Se não puder ter os dois juntos, deixarei o peixe ir e pegarei nas patas do urso. Por isso, gosto da vida, e também gosto de justiça. Se eu não conseguir manter os dois juntos, deixarei a vida ir e escolherei a justiça.

2. "Gosto mesmo da vida, mas há algo de que gosto mais do que a vida, e por isso não procurarei possuí-la de forma imprópria. Não gosto mesmo da morte, mas há algo de que não gosto mais do que a morte, e por isso há alturas em que não evitarei o perigo.

3. "Se entre as coisas que agradam ao homem não há nada que lhe agrade mais do que a vida, porque não há-de ele usar todos os meios que lhe permitam preservá-la? Se entre as coisas que desagradam ao homem não há nada que ele odeie mais do que a morte, porque não há-de ele fazer tudo o que está ao seu alcance para evitar o perigo?

4. "Há casos em que os homens podem preservar a vida por um determinado procedimento, e não a empregam; quando por certas coisas podem evitar o perigo, e não o fazem.

5. "Por conseguinte, os homens têm algo de que gostam mais do que a vida, e o que não gostam mais do que a morte. Eles não são homens de talentos e virtudes distintas; não são os únicos que têm esta natureza mental. Todos os homens o têm; a coisa para tais homens é simplesmente não o perderem.

6. "Aqui está um pequeno cesto de arroz e uma tigela de sopa, e o caso é aquele em que a sua obtenção preservará a vida, e a falta dela será a morte; -- se forem oferecidos com uma voz insultuosa, mesmo um transeunte não os receberá, ou se ele os pisar primeiro, mesmo um mendigo não se abaixará para os levar.

7. "E, no entanto, um homem tomará dez mil chung, sem qualquer consideração de correcção ou rectidão. O que é que os

dez mil chung lhe podem acrescentar? Quando as toma, não é para obter belas mansões, para assegurar os serviços das esposas e concubinas, ou para ajudar os pobres e necessitados do seu conhecido?

8. "No primeiro caso, a recompensa oferecida não foi recebida, embora tenha ocasionado a morte, e agora o emolumento é tomado em nome de belas mansões. A recompensa que o teria preservado da morte não foi recebida, e o emolumento é levado para obter o serviço de esposas e concubinas, e o emolumento é levado para ajudar os seus pobres e necessitados conhecidos. Não seria então também possível recusar isto? Este é um caso do que é chamado - "Perder a natureza própria da mente".

Capítulo 11.

1. Mencius disse: 'A benevolência é a mente do homem, e a justiça é o caminho do homem'.

2. "Como é lamentável negligenciar o caminho e não segui-lo, perder a consciência e não saber como procurá-lo novamente!

3. "Quando os homens perdem as aves e os cães, sabem como procurá-los, mas perdem a cabeça e não sabem como procurá-lo.

4. 'O grande fim da aprendizagem não é outra coisa senão procurar a consciência perdida'.

Capítulo 12.

1. Mencius disse: "Aqui está um homem cujo dedo anelar está dobrado e não pode ser esticado a direito. Não é doloroso, nem inconveniente para o seu negócio, e no entanto, se houver alguém que o possa endireitar, ele não pensará que o caminho de Ch'in para Ch'û está longe de o alcançar; pois o seu dedo não é como os dedos das outras pessoas.

2. "Quando o dedo de um homem não é como o dos outros,

ele sabe como se sentir insatisfeito, mas se a sua mente não é como a dos outros, ele não sabe como se sentir insatisfeito. Isto chama-se... "Ignorância da importância relativa das coisas".

Capítulo 13.

1. Mencius disse: "Quem quiser cultivar t'ung ou tsze, que pode ser agarrado com ambas as mãos, talvez com uma, sabe por que meios alimentá-las. No caso das suas próprias pessoas, os homens não sabem por que meios alimentá-las. É suposto que a sua consideração pelas suas próprias pessoas seja inferior à sua consideração por um t'ung ou tsze? O seu descuido é extremo.

Capítulo 14.

1. Mencius disse: "Não há parte de si mesmo que um homem não ame, e como ele ama tudo, assim ele deve alimentar tudo. Não há um centímetro de pele que ele não ame, e portanto não há um centímetro de pele que ele não queira nutrir. Para examinar se a sua maneira de nutrir é boa ou não, que outra regra existe senão esta, que ele determina em reflexão sobre si próprio onde se deve aplicar?

2. "Algumas partes do corpo são nobres, e algumas ignóbeis; algumas grandes, e algumas pequenas. O grande não deve ser ferido pelo pequeno, nem o nobre pelo ignóbil. Aquele que alimenta o pequeno é um homem pequeno, e aquele que alimenta o grande é um grande homem.

3. "Aqui está um proprietário de plantações, que negligencia o seu wû e chiâ, e cultiva as suas árvores de jujuba azeda; - ele é um pobre proprietário de plantações.

4. "Aquele que alimenta um dos seus dedos, negligenciando os seus ombros ou as suas costas, sem saber que o está a fazer, é um homem que se assemelha a um lobo apressado.

5. "Um homem que só come e bebe é considerado medíocre por outros; - porque alimenta o que é pequeno e negligencia o que é grande.

6. "Se um homem, amante da sua comida e bebida, não negligenciasse o que é mais importante, como poderia a sua boca e barriga ser considerada como sendo apenas um centímetro de pele?

Capítulo 15.

1. O discípulo Kung-tû disse: 'Todos são igualmente homens, mas alguns são grandes homens, e alguns são pequenos homens; como é isto?' Mencius respondeu: 'Aqueles que seguem aquela parte de si mesmos que é grande são grandes homens; aqueles que seguem aquela parte que é pequena são pequenos homens'.

2. Kung-tû continuou: "Todos são igualmente homens, mas alguns seguem a parte de si mesmos que é grande, e alguns seguem a parte que é pequena. -- Como é isto? Mencius respondeu: "Os sentidos da audição e da visão não pensam, e são obscurecidos por coisas externas. Quando uma coisa entra em contacto com outra, é evidente que a afecta. A mente é o guião do pensamento. Ao pensar, obtém a visão correcta das coisas; ao negligenciar o pensar, não o faz. Estes - os sentidos e a mente... são o que o Céu nos deu. Que um homem primeiro compreenda a supremacia da parte inferior da sua constituição, e depois a parte inferior não a pode deitar fora. É simplesmente isto que torna um homem grande.

Capítulo 16.

1. Mencius disse: "Há uma nobreza do céu e uma nobreza do homem. Benevolência, retidão, abnegação e fidelidade, com incansável alegria nestas virtudes; estas constituem a nobreza do Céu. Ser um kung, um ch'ing, ou um tâ-fû;-- isto constitui a nobreza do homem.

2. "Os homens de outrora cultivavam a sua nobreza do céu, e a nobreza do homem vinha até eles no seu séquito.

3. "Os homens de hoje cultivam a sua nobreza do céu para procurarem a nobreza do homem, e quando a obtiveram,

descartam a outra: - a sua ilusão é extrema. O problema é simplesmente este, que eles também devem perder essa nobreza do homem.

Capítulo 17.

1. Mencius disse: "Desejar ser honrado é a mente comum dos homens. E todos os homens têm em si mesmos o que é verdadeiramente honroso. Só que eles não pensam nisso.

2. "A honra que os homens conferem não é uma boa honra. Aqueles a quem Châo, o Grande enobrece, ele pode fazer o mal.

3. "É dito no Livro de Poesia,

"Ele encheu-nos com o seu vinho",
ele saciou-nos com a sua bondade".

"Fomos saciados com a sua bondade", ou seja, fomos saciados com benevolência e justiça, e aquele que está tão saciado, consequentemente, não deseja a carne gorda e o painço fino dos homens. Uma boa reputação e um grande elogio lhe convém, e ele não deseja as elegantes peças de vestuário bordadas de homens.

Capítulo 18.

1. Mencius disse: "A benevolência domina o seu oposto como a água domina o fogo". No entanto, aqueles que hoje em dia praticam a benevolência fazem-no como se com um copo de água pudessem salvar uma carroça inteira cheia de combustível que ardia, e quando as chamas não se extinguiam, diriam que a água não pode subjugar o fogo. Este comportamento, além disso, encoraja muito aqueles que não são benevolentes.

2. "O problema final será simplesmente este: a perda dessa pequena quantidade de benevolência".

Capítulo 19.

1. Mencius disse: "De todas as sementes, os melhores são

os cinco tipos de grãos, mas se não estiverem maduros, não são iguais a t'î ou pâi. Portanto, o valor da benevolência depende inteiramente da sua maturação".

Capítulo 20.

1. Mencius disse: 'Î, ao ensinar os homens a disparar, fez uma regra para esticar ao máximo o arco, e os seus alunos também fizeram o mesmo.

2. 'Um mestre construtor, ao ensinar outros, usa a bússola e a praça, e os seus alunos fazem o mesmo'.

Livro 6. Parte 2: Kao Tsze

Capítulo 1.

1. Um homem de Zan perguntou ao discípulo Wû-lû, dizendo: 'A observância das regras de propriedade é mais importante no que diz respeito a comer, ou simplesmente comer?' A resposta foi: 'A observância das regras de propriedade é o mais importante'.

2. "É mais importante satisfazer o apetite sexual, ou fazê-lo apenas de acordo com as regras de decência? A resposta foi novamente: 'A observância das regras de propriedade na matéria é a coisa mais importante'.

3. O homem continuou: "Se o resultado de comer apenas de acordo com as regras de propriedade é a morte por inanição, enquanto que se essas regras forem ignoradas podemos obter alimentos, será que ainda devem ser observadas em tal caso? Se de acordo com a regra de que deve ir pessoalmente ao encontro da sua esposa, um homem não pode casar, ao passo que, ignorando essa regra, pode casar, será que a regra ainda deve ser observada em tal caso?".

4. Wû-lû não pôde responder a estas perguntas, e no dia seguinte foi a Tsâu e disse-as a Mencius. Mencius disse: "Que dificuldade há em responder a estas perguntas?

5. "Se não os ajustar nas suas extremidades inferiores, mas apenas colocar a parte superior ao nível, é possível fazer um pedaço de madeira com uma polegada de altura superior ao pico pontiagudo de um edifício alto.

6. "O ouro é mais pesado que as penas; mas será que esse ditado se refere, por um lado, a um único broche de ouro e, por outro lado, a um carrinho cheio de penas?

7. "Se se toma um caso em que comer é da maior importância e a observância das regras de propriedade é de

pouca importância, e compara as coisas em conjunto, porque parar de dizer simplesmente que comer é mais importante? Assim, tendo em conta o caso em que a satisfação do apetite sexual é da maior importância e a observância das regras de decência é de menor importância, porquê parar de dizer simplesmente que a satisfação do apetite é mais importante?

8. Vai e responde-lhe assim: "Se, torcendo o braço do teu irmão mais velho e arrancando-lhe o que ele está a comer, podes arranjar comida para ti, enquanto que, se não o fizeres, não terás nada para comer, torcer-lhe-ás o braço? Se ao saltar sobre o muro do seu vizinho, e raptar a sua filha virgem, pode arranjar uma esposa, ao passo que, se não o fizer, não pode arranjar uma esposa, irá assim arrastá-la para longe"?

Capítulo 2.

1. Chiâo de Tsâo perguntou a Mencius, dizendo: "Diz-se: "Todos os homens podem ser Yâos e Shuns"; é assim?" Mencius respondeu: "É assim.

2. Chiâo continuou: 'Ouvi dizer que o Rei Wan tinha dez cúbitos de altura, e T'ang nove. Agora tenho nove côvados e quatro polegadas de altura. Mas não posso fazer mais nada senão comer o meu painço. O que devo fazer para perceber esse ditado?

3. Mencius respondeu: "O que tem isto, a questão do tamanho, a ver com este assunto? Tudo reside simplesmente em agir como tal. Eis um homem, cuja força não era igual à de levantar um gatinho: ele era então um homem sem força. Mas hoje ele diz: "Consigo levantar o peso de 3.000 gatinhos", e ele é um homem de força. E assim aquele que consegue levantar o peso que Wû Hwo levantou é outro Wû Hwo. Porque é que um homem deveria fazer da falta de capacidade o tema da sua dor? É apenas que ele não irá realizar a proeza.

4. "Caminhar devagar, mantendo-se atrás dos mais velhos, é desempenhar o papel de menor. Andar depressa e preceder os

mais velhos, é violar o dever de um irmão mais novo. Agora, é isto que um homem não pode fazer: andar devagar? É o que ele não faz. O curso de Yâo e Shun foi simplesmente o da piedade filial e do dever fraterno.

5. "Veste a roupa de Yâo, repete as palavras de Yâo, e faz os feitos de Yâo, e serás simplesmente um Yâo. E, se usar a roupa de Chieh, repita as palavras de Chieh e faça os feitos de Chieh, será apenas um Chieh'.

6. Chieh disse: "Terei uma entrevista com o príncipe de Tsâu, e posso pedir-lhe que me dê uma casa para me alojar. Desejo ficar aqui e receber instruções à sua porta".

7. Mencius respondeu: "O caminho da verdade é como um grande caminho. Não é difícil sabê-lo. O mal é apenas que os homens não o procurarão. Vá para casa e procure-o, e terá uma abundância de professores".

Capítulo 3.

1. Kung-sun Ch'âu perguntou sobre a opinião do estudioso Kâo, dizendo: 'Kâo observou: "O Hsiâo P'ân é a ode de um homem pequeno". Mencius perguntou: 'Por que disse ele isso?' 'Por causa do murmúrio que expressa', foi a resposta.

2. Mencius respondeu: "Como foi estúpido aquele velho Kâo tratar a ode! Está aqui um homem, e um nativo de Yüeh dobra o seu arco para o alvejar. Aconselho-o a não o fazer, mas a falar com calma e sorridente sem outra razão senão porque não é um parente meu. Mas se o meu próprio irmão dobrar o arco para atirar no homem, então aconselharei-o a não o fazer, chorando ao mesmo tempo, por nenhuma outra razão que não seja o facto de ele ser meu parente. A insatisfação expressa no Hsiâo P'ân é a de afecto relativo, e esse afecto mostra benevolência. Estúpida foi a crítica do velho Kâo à ode".

3. Ch'âu então disse: 'Como é que não há nenhum descontentamento expresso no K'âi Fang?

4. Mencius respondeu: "A culpa dos pais referidos no K'âi Fang é pequena; a referida no Hsiâo P'ân é grande. Quando a falta de pais era grande, não ter murmurado por causa disso teria aumentado a falta de afecto natural. Quando a culpa dos pais era pequena, ter murmurado por causa dela teria sido agir como a água que se agita espumosa em torno de uma pedra que não é da mesma forma que uma pedra que não é da mesma forma que uma pedra que não é da mesma forma.

5 'Confúcio disse: "Shun era de facto perfeitamente filial! E no entanto, quando tinha cinquenta anos de idade, estava cheio de saudades dos seus pais".

Capítulo 4.

1. Sung K'ang estava prestes a ir para Ch'û, Mencius conheceu-o em Shih-ch'iû.

2. 'Mestre, onde vais?' perguntou Mencius.

3. K'ang respondeu: 'Ouvi dizer que Ch'in e Ch'û estão a lutar um contra o outro, e vou ver o rei de Ch'û e persuadi-lo a cessar as hostilidades. Se ele não estiver satisfeito com o meu conselho, irei ter com o rei de Ch'in e persuadi-lo-ei da mesma forma. Dos dois reis, certamente que poderei ter sucesso com um deles".

4. Mencius disse: "Não me atreverei a investigar os detalhes, mas gostaria de ouvir a extensão do seu plano. Que curso irá tomar para tentar persuadi-los? K'ang respondeu: "Vou dizer-lhes o quão pouco rentável é o seu curso de acção. 'Mestre', disse Mencius, 'o teu objectivo é grande, mas o teu argumento não é bom.

5. "Se você, partindo do ponto de lucro, oferecer os seus conselhos persuasivos aos reis de Ch'in e Ch'û, e se esses reis estiverem satisfeitos com a consideração do lucro de modo a parar os movimentos dos seus exércitos, então todos os que pertencem a esses exércitos regozijar-se-ão com a cessação da guerra, e encontrarão o seu prazer na busca do lucro. Ministros

servirão o seu soberano em benefício do pensamento; filhos servirão os seus pais, e irmãos mais novos servirão os seus irmãos mais velhos, pela mesma razão, e o resultado será que, renunciando à benevolência e justiça, soberano e ministro, pai e filho, irmão mais novo e mais velho, conduzirão todas as suas relações com este pensamento de benefício nos seus seios. Mas nunca houve um tal estado da sociedade, sem que a ruína tenha sido o seu resultado.

6. "Se tu, partindo da terra da benevolência e da justiça ofereceres os teus conselhos aos reis de Ch'in e Ch'û, e se esses reis tiverem prazer em considerar a benevolência e a justiça de modo a parar as operações dos seus exércitos, então todos os que pertencem a esses exércitos regozijar-se-ão com a paragem da guerra, e encontrarão o seu prazer na benevolência e na justiça. Ministros servirão os seus soberanos mantendo os princípios de benevolência e justiça; filhos servirão os seus pais, e irmãos mais novos servirão os seus irmãos mais velhos, da mesma maneira:-- e assim, soberano e ministro, pai e filho, irmão mais velho e mais novo, abandonando o pensamento do lucro, acarinhará os princípios de benevolência e justiça, e conduzirá todas as suas relações. Mas nunca houve um tal estado da sociedade, sem que o Estado onde ela prevalece se elevasse ao domínio real. Por que razão se deve usar a palavra "lucro"?

Capítulo 5.

1. Quando Mencius residia em Tsâu, o irmão mais novo do chefe de Zan, que na altura era o guardião de Zan, prestou-lhe homenagem com um presente de sedas, que Mencius recebeu, sem o querer reconhecer. Quando estava de passagem por P'ing-lû, Ch'û, que era primeiro-ministro do Estado, enviou-lhe um presente semelhante, que ele recebeu da mesma forma.

2. Posteriormente, indo de Tsâu para Zan, visitou o tutor; mas quando foi de Ping-lû para a capital de Ch'î, não visitou o ministro Ch'û. O discípulo Wû-lû regozijou-se e disse: "Tenho uma oportunidade de obter alguma instrução.

3. Assim, ele perguntou: 'Mestre, quando foi a Zan, visitou o irmão do chefe; e quando foi a Ch'î, não visitou Ch'û. Não foi porque ele é apenas o ministro?

4. Mencius respondeu: 'Não. Diz-se no Livro da História: "Ao apresentar uma oferta a um superior, a maioria depende de demonstrações de respeito. Se essas manifestações não estiverem à altura das coisas oferecidas, dizemos que "não há oferta, ou seja, não há acto de vontade de apresentar a oferta".

5. "Isto porque as coisas assim oferecidas não constituem uma oferta a um superior".

6. Wû-lû ficou satisfeito, e quando alguém lhe perguntou o significado de Mencius, disse: 'O mais novo de Zan não podia ir a Tsâu, mas o ministro Ch'û poderia ter ido a P'ing-lû'.

Capítulo 6.

1. Shun-yü K'wan disse: "Aquele que faz da fama e dos serviços meritórios os seus primeiros objectos, age com consideração pelos outros. Aquele que os faz apenas objectos secundários, age com respeito por si próprio. Vós, mestre, estais entre os três principais ministros do Estado, mas antes da vossa fama e dos vossos serviços chegarem ao príncipe ou ao povo, deixastes o vosso lugar. Será este o caminho do benevolente?

2. Mencius respondeu: "Havia Po'î, que se encontrava numa posição inferior, e não servia, pela sua virtude, um príncipe degenerado. Houve Î Yin;-- ele foi cinco vezes a T'ang, e cinco vezes a Chieh. Ali Hûi de Liû-hsiâ; não desdenhou servir um príncipe vil, nem recusou um pequeno escritório. Os caminhos seguidos por estes três dignitários eram diferentes, mas o seu objectivo era um só. E qual era o seu objectivo? Devemos responder: "Para ser perfeitamente virtuoso". E é simplesmente depois disto que os homens superiores se esforçam. Porque deveriam todos seguir o mesmo caminho?".

3. K'wan continuou: "No tempo do Duque Mû de Lû, o

governo estava nas mãos de Kung-î, enquanto Tsze-liû e Tsze-sze eram ministros. E no entanto, o desmembramento de Lû aumentou excessivamente. Tal foi o caso, uma amostra de como os vossos homens de virtude não têm qualquer vantagem para um reino!

4. Mencius disse: "O príncipe de Yü não empregou Pâi-lî Hsi, e por isso perdeu o seu estado. O Duque Mû de Chin usou-o, e tornou-se o chefe de todos os príncipes. A ruína é a consequência de não empregar homens de talento e virtude; como pode descansar com um simples desmembramento?

5. K'wan insistiu novamente: "Antigamente, quando Wang P'âo habitava no Ch'î, as pessoas a oeste do Rio Amarelo tornaram-se todas habilidosas em cantar à sua maneira abrupta. Quando Mien Ch'ü viveu em Kâo-t'ang, o povo em todas as partes do Ch'î no ocidente tornou-se hábil em cantar à sua maneira prolongada. As esposas de Hwa Châu e Ch'î Liang lamentaram os seus maridos tão habilmente, que mudaram os modos do Estado. Quando há o dom dentro, ele manifesta-se sem. Nunca vi um homem que pudesse fazer as obras de um virtuoso, e não fazer o trabalho de um. É por isso que agora não há homens de talento e virtude. Se houvesse, eu deveria conhecê-los".

6. Mencius respondeu: "Quando Confúcio era ministro chefe da Justiça em Lû, o príncipe não foi ao ponto de seguir o seu conselho. Pouco depois houve o sacrifício solsticial, e quando alguma da carne apresentada em sacrifício não lhe foi enviada, ele foi embora mesmo sem tirar o seu boné cerimonial. Aqueles que não o conheciam assumiram que era por causa da carne. Aqueles que o conheciam assumiram que isso se devia a negligência da cerimónia habitual. O facto era que Confúcio queria partir sob o pretexto de algum delito menor, não querendo partir sem alguma causa aparente. Não se pode esperar que todos os homens compreendam a conduta de um homem superior.

Capítulo 7.

1. Mencius disse: "Os cinco príncipes principais eram pecadores contra os três reis. Os príncipes dos dias de hoje são pecadores contra os cinco chefes. Os grandes oficiais dos dias de hoje são pecadores contra os príncipes.

2. "O soberano visitou os príncipes, o que foi chamado "Uma visita de inspecção". Os príncipes assistiram ao tribunal do soberano, que se chamava "Dar um relatório do gabinete". Era um costume realizado na Primavera para examinar a lavoura, e para compensar qualquer deficiência de semente; e no Outono, para examinar a colheita e para ajudar no caso de a cultura ser deficiente. Quando o soberano entrava nos limites de um Estado, se o da nova terra, e os campos antigos eram bem cultivados; se os dos antigos e dignos eram honrados, e se homens de talento distinto eram colocados no cargo: então o príncipe era recompensado com uma adição ao seu território. Por outro lado, se, ao entrar num estado, se descobriu que a terra era selvagem ou superpovoada de ervas daninhas; se os mais velhos foram negligenciados e os dignos não foram honrados; e se os escritórios foram preenchidos com cobradores de impostos duros: então o príncipe foi repreendido. Se um príncipe uma vez omitido na corte, era punido pela degradação do seu posto; se o fizesse uma segunda vez, de uma parte do seu território; se o fizesse uma terceira vez, as forças reais eram postas em marcha e ele era afastado do seu governo. Assim, o soberano ordenou a punição, mas não a infligiu ele próprio, enquanto que os príncipes infligiram a punição, mas não ordenaram a punição. Os cinco chefes, porém, arrastaram os príncipes para castigar outros príncipes, e por isso digo que eram pecadores contra os três reis.

3. Dos cinco chefes, o mais poderoso era o Duque Hwan. Na assembleia dos príncipes em K'wei-ch'iû, ele amarrou a vítima e colocou a escritura sobre ela, mas não a matou para lhes manchar a boca com o sangue. O primeiro comando do seu acordo foi: "Mata aquele que não é filial; não mudes o filho que foi nomeado herdeiro; não exaltes uma concubina para ser a esposa". A segunda foi: "Honrar o digno e manter o talentoso, para dar distinção ao virtuoso". A terceira foi: "Respeitem os idosos e sejam bondosos para com os jovens. Não esquecer os

estranhos e os viajantes". O quarto foi: "Que os gabinetes não sejam hereditários, nem os funcionários pluralistas. Na selecção dos funcionários, o objectivo deve ser o de nomear os homens certos. Que nenhum governante se encarregue de condenar um ministro à morte". O quinto foi: "Não seguir uma política tortuosa na construção de aterros. Que não haja restrições à venda de cereais. Que não haja promoções sem antes as anunciar ao soberano". Depois foi dito: "Todos nós que nos reunimos neste acordo manteremos doravante relações amigáveis". Os príncipes de hoje violam todas estas cinco proibições, e por isso eu digo que os príncipes de hoje são pecadores contra os cinco chefes.

4. "O crime daquele que consente e ajuda a maldade do seu príncipe é pequeno, mas o crime daquele que antecipa e excita essa maldade é grande. Os oficiais dos dias de hoje vão todos ao encontro da maldade dos seus soberanos, e por isso digo que os altos oficiais dos dias de hoje são pecadores contra os príncipes".

Capítulo 8.

1. O príncipe de Lû quis tornar o ministro Shan comandante do seu exército.

2. Mencius disse: "Pode dizer-se que empregar um povo pouco instruído na guerra é destruir o povo. Um destruidor do povo não teria sido tolerado no tempo de Yâo e Shun.

3. "Mesmo que por uma única batalha você deva subjugar Ch'î e tomar posse de Nan-yang, isto não deve ser feito".

4. Shan mudou o seu semblante e disse com repugnância: 'Isto é o que eu, Kû-Lî, não compreendo.

5. Mencius disse: "Vou expor claramente o caso perante vós. O território atribuído ao soberano é de 1.000 lî square. Sem mil lî, ele não teria o suficiente para entreter os príncipes. O território atribuído a um Hâu é de 100 lî square. Sem 100 lî, ele não teria o suficiente para observar os estatutos guardados no

seu templo ancestral.

6. "Quando Châu-kung foi investido com o principado de Lû, era de cem lî quadrados. O território era certamente suficiente, mas não era superior a 100 lî. Quando o T'âi-kung foi investido com o principado de Ch'î, era de 100 lî quadrados. O território era de facto suficiente, mas não era superior a 100 lî.

7. "Agora Lû é cinco vezes 100 lî quadrado. Se um verdadeiro governante real surgisse, acha que Lû diminuiria ou aumentaria com ele?"

8: "Se fosse apenas uma questão de tirar o lugar de um Estado para o dar ao outro, um homem benevolente não o faria; - quanto menos o faria quando o fim é procurado pelo abate de homens.

9. "A forma como um homem superior serve o seu príncipe contempla simplesmente guiá-lo da forma correcta, e orientar a sua mente para a benevolência.

Capítulo 9.

1. Mencius disse: "Aqueles que hoje servem os seus soberanos dizem: "Podemos, pelo nosso soberano, alargar os limites da terra cultivada, e encher os seus tesouros e arsenais". Tais pessoas são hoje em dia chamadas "bons ministros", mas em tempos anteriores eram chamadas "ladrões do povo". Se um soberano não segue o caminho certo, nem tem a sua mente inclinada para a benevolência, procurar enriquecê-lo é enriquecer um Chieh.

2. "Ou dirão: "Podemos, pela nossa soberania, formar alianças com outros Estados, para que as nossas batalhas sejam bem sucedidas". Tais pessoas são hoje em dia chamadas "Bons Ministros", mas antigamente eram chamadas "Assaltantes do povo". Se um soberano não segue o caminho certo, nem tem a sua mente orientada para a benevolência, procurar enriquecê-lo é enriquecer um Chieh.

3. "Mesmo que um príncipe recebesse o trono, seguindo os procedimentos actuais, e sem mudar as suas práticas, não o poderia reter por uma única manhã".

Capítulo 10.

1. Pâi Kwei disse: "Quero levar um vigésimo do produto apenas como imposto. O que pensa disso?

2. Mencius disse: "O vosso caminho seria o de Mo.

3. "Num país de dez mil famílias, seria bom ter apenas um oleiro?" Kwei respondeu: "Não.

4. Mencius continuou: 'Mo não cultiva os cinco tipos de grão; produz apenas painço. Não há cidades fortificadas, nem edifícios, nem templos ancestrais, nem cerimónias de sacrifício; nem príncipes que exijam presentes e diversões; nem sistema de oficiais com os seus vários subordinados. Nestas contas, um imposto de um vigésimo do produto é suficiente.

5. "Mas agora é o Reino do Meio em que vivemos. Banir as relações dos homens, e não ter homens superiores; - como se pode pensar num tal estado de coisas?

6. "Com alguns oleiros um reino não pode subsistir; quanto menos pode subsistir sem homens de mais alto nível do que outros?

7. "Se quisermos tornar os impostos mais leves do que o sistema de Yâo e Shun, teremos apenas um grande Mo e um pequeno Mo. Se quisermos torná-los mais pesados, teremos apenas "o grande Chieh e o pequeno Chieh".

Capítulo 11.

1. Pâi Kwei disse: 'A minha manipulação das águas é superior à de Yü'.

2. Mencius respondeu: "O senhor está enganado. A regulação das águas por Yü estava de acordo com as leis da

água.

3. "Ele, portanto, fez dos quatro mares o seu receptáculo, enquanto você faz dos Estados vizinhos o seu receptáculo.

4. "A água que sai dos seus canais é chamada de inundação. As águas das cheias são um grande desperdício de água, e o que um homem benevolente detesta. Está enganado, meu bom senhor.

Capítulo 12.

1. Mencius disse: 'Se um estudioso não tem fé, como se agarrará firmemente às suas ideias'?

Capítulo 13.

1. O príncipe de Lû, desejando confiar a administração do seu governo ao discípulo Yo-chang, consultou Mencius, este último disse: "Quando ouvi falar disso, fiquei tão contente que não consegui dormir".

2. Kung-sun Ch'âu perguntou: 'Será Yo-chang um homem poderoso?' e foi respondido: 'Não'. Será ele sensato no aconselhamento? "Não". Ele tem muita informação? "Não".

3. "O que é que então o deixou tão feliz que não conseguiu dormir?

4. 'Ele é um homem que ama o que é bom'.

5. 'O amor ao bem é suficiente?' 6.

6. "O amor ao bem é uma qualificação mais do que suficiente para o governo do reino; quanto mais para o Estado de Lû!

7. "Se um ministro ama o que é bom, todos dentro dos quatro mares contarão 1000 lî mas um pouco de distância, e virão e apresentar-lhe-ão os seus bons pensamentos.

8. Se ele não ama o que é bom, os homens dirão: "Como foi concebido um tal ministro, ele só se preocupa consigo próprio". A linguagem e o aspecto dessa presunção manterá os homens a uma distância de 1.000 lî. Quando os bons homens param a 1.000 lî, os caluniadores, e os bajuladores fazem a sua aparição. Quando um ministro vive entre caluniadores, bajuladores, mesmo que deseje que o Estado seja bem governado, será possível que o seja?".

Capítulo 14.

1. O discípulo Ch'an disse: 'Quais foram os princípios em que os homens superiores de outrora assumiram o cargo?' Mencius respondeu: 'Houve três casos em que aceitaram o cargo e três em que o abandonaram.

2. "Se fossem recebidos com o maior respeito e todas as observâncias corteses, e pudessem dizer a si próprios que o príncipe cumpriria as suas palavras, então tomaram posse com ele. Posteriormente, mesmo que não houvesse remissão na conduta cortês do príncipe, se as suas palavras não fossem postas em prática, deixá-lo-iam.

3. "O segundo caso foi aquele em que, embora não se pudesse esperar que o príncipe pusesse imediatamente em prática as suas palavras, sendo recebido por ele com o maior respeito, eles tomaram posse com ele. Mas depois, se houvesse alguma remissão no seu comportamento cortês, deixá-lo-iam.

4. "O último caso foi o do homem superior que não tinha nada para comer nem de manhã nem à noite, e estava tão faminto que não conseguia sair da sua porta. Se o príncipe, ao ouvir da sua condição, disse: "Devo falhar no grande ponto, o de cumprir as suas doutrinas, nem sou capaz de seguir as suas palavras, mas será da vida dos homens e das mulheres, não mais do que o suficiente para evitar a morte".

Capítulo 15.

1. Mencius disse: 'Shun surgiu de entre os campos

canalizados. Fû Yüeh foi chamado à carga do meio das armações do seu edifício; Chiâo-ko do seu peixe e sal; Kwan Î-wû das mãos do seu carcereiro; Sun-shû Âo do seu esconderijo à beira-mar; e Pâi-lî Hsî do mercado.

2. "Assim, quando o Céu está prestes a conferir um grande ofício a qualquer homem, ele primeiro exerce a sua mente com sofrimento, e os seus tendões e ossos com trabalho de parto. Expõe o seu corpo à fome e sujeita-o à pobreza extrema. Ele confunde os seus compromissos. Por todos estes métodos ele estimula a sua mente, endurece a sua natureza, e fornece as suas incompetências.

3. "Os homens erram na sua maioria, e depois são capazes de reformar. Estão angustiados e perplexos nos seus pensamentos, e depois elevam-se para uma reforma vigorosa. Quando as coisas são evidenciadas aos olhos dos homens e expostas nas suas palavras, então eles compreendem-nas.

4. "Se um príncipe não tiver na sua corte famílias ligadas às leis e conselheiros dignos, e se no estrangeiro não houver estados hostis ou outras calamidades externas, o seu reino será geralmente arruinado.

5. "Destas coisas vemos como a vida brota da dor e da calamidade, e a morte do conforto e do prazer".

Capítulo 16.

1. Mencius disse: "Há muitas artes no ensino. Recuso-me, por inconsistente com o meu carácter, a ensinar um homem, mas só assim continuo a ensiná-lo".

O Livro de Mencius

Livro 7. Parte 1: Tsin Sin.

Capítulo 1.

1. Mencius disse: "Aquele que esgotou toda a sua constituição mental conhece a sua natureza. Conhecendo a sua natureza, ele conhece o Céu.

2. "Preservar a própria constituição mental e nutrir a própria natureza, é a forma de servir o Céu.

3. "Quando nem uma morte prematura nem uma vida longa faz com que um homem tenha uma mente dupla, mas ele espera no cultivo do seu carácter pessoal qualquer resultado; esta é a forma como ele estabelece o seu ser ordenado pelo céu".

Capítulo 2.

1. Mencius disse: "Há um compromisso para tudo. Um homem deve receber submissamente o que lhe pode ser correctamente atribuído.

2. "Portanto, aquele que tem a verdadeira ideia do que é o plano do Céu não ficará debaixo de uma parede íngreme.

3) "A morte sofrida no exercício das suas funções pode ser correctamente atribuída à designação do Céu.

4. "A morte sob algemas e grilhões não pode ser correctamente atribuída à designação do Céu".

Capítulo 3.

1. Mencius disse: "Quando obtemos pela nossa procura e perdemos pela nossa negligência; - nesse caso, a procura é útil para a obtenção, e as coisas procuradas são as que estão em nós.

2. "Quando a procura está de acordo com o curso adequado, e a obtenção é apenas como designada; - nesse caso, a

procura não tem qualquer utilidade na obtenção, e as coisas procuradas estão fora de nós próprios".

Capítulo 4.

1. Mencius disse: "Todas as coisas já estão completas em nós.

2. "Não há maior prazer do que estar consciente da sinceridade no auto-exame.

3. 'Se alguém age com vigorosa força na lei da reciprocidade, quando procura a realização da virtude perfeita, nada pode estar mais próximo do que a sua abordagem à mesma'.

Capítulo 5.

1. Mencius disse: 'Agir sem compreensão, e fazê-lo habitualmente sem exame, seguindo o caminho certo toda a vida sem conhecer a sua natureza; este é o caminho das multidões'.

Capítulo 6.

1. Mencius disse: "Um homem não pode estar sem vergonha. Quando alguém tem vergonha de ter estado sem vergonha, depois não terá ocasião de se envergonhar".

Capítulo 7.

1. Mencius disse: "O sentimento de vergonha é para um homem de grande importância.

2. "Aqueles que formam artifícios e esquemas versáteis que se distinguem pela sua astúcia, não permitem que o seu sentido de vergonha entre em acção.

3. "Quando um difere dos outros homens por não ter este sentimento de vergonha, o que terá em comum com eles?

Capítulo 8.

1. Mencius disse: "Os monarcas capazes e virtuosos da antiguidade amaram a virtude e esqueceram o seu poder. E será feita uma excepção aos sábios capazes e virtuosos da antiguidade, que não fizeram o mesmo? Eles deliciaram-se com os seus próprios princípios, e esqueceram o poder dos príncipes. Portanto, se os reis e duques não mostrassem o maior respeito e não observassem todas as formas de cerimónia, não lhes era permitido vir visitá-los com frequência. Se não lhes fosse possível visitá-los frequentemente, quanto menos poderiam vir para os empregar como ministros".

Capítulo 9.

1. Mencius disse a Sung Kâu-ch'ien: 'Gosta de viajar para os diferentes tribunais? Vou falar-vos de tais viagens.

2. "Se um príncipe o reconhece e segue os seus conselhos, está perfeitamente satisfeito. Se ninguém o fizer, seja o mesmo.

3. Kâu-ch'ien disse: 'O que deve ser feito para assegurar esta satisfação perfeita?' Mencius respondeu: 'Honra a virtude e o deleite na justiça, e assim ficareis sempre perfeitamente satisfeitos.

4. "Portanto, um estudioso, embora pobre, não se afasta da justiça; embora próspero, não se afasta do seu próprio caminho.

5. "Pobre e não desviado da retidão; - é assim que o estudioso é dono de si próprio. Prospero e sem se desviar do caminho certo;-- é assim que as expectativas das pessoas em relação a ele não são desapontadas.

6. "Quando os homens de outrora realizavam os seus desejos, conferiam benefícios ao povo. Se não realizavam os seus desejos, cultivavam o seu carácter pessoal e tornavam-se ilustres no mundo. Se eram pobres, atendiam à sua própria virtude em solidão; se ascendiam à dignidade, também tornavam virtuoso todo o reino.

Capítulo 10.

1. Mencius disse: "A massa de homens espera por um rei Wan, e então eles receberão um impulso entusiástico. Os distintos estudiosos da massa, sem um rei Wan, são despertados.

Capítulo 11.

1. Mencius disse: "Acrescente a um homem as famílias de Han e Wei. Se então olhar para si próprio sem se exaltar, está muito para além da massa de homens.

Capítulo 12.

1. Mencius disse: "Deixem o povo ocupar-se da forma que se destina a assegurar o seu conforto, e embora se esforcem, não murmurarão. Que sejam mortos da maneira que se destina a preservar as suas vidas, e embora morram, não murmurarão daquele que os põe à morte".

Capítulo 13.

1. Mencius disse: "Sob um chefe, à frente de todos os príncipes, o povo parece enérgico e alegre. Sob um verdadeiro soberano, eles têm um ar de profunda satisfação.

2. "Mesmo que ele os mate, eles não murmuram. Quando isso os beneficia, eles não pensam no seu mérito. De dia para dia avançam para o bem, sem saberem quem os motiva para o fazer.

3. "Onde quer que o homem superior passe, segue-se a transformação; onde quer que ele habite, a sua influência é de natureza espiritual. Flui para fora, para cima e para baixo, como a do Céu e da Terra. Como se pode dizer que repara a sociedade, mas de uma forma pequena!

Capítulo 14.

1. Mencius disse: "Palavras gentis não penetram tão profundamente nos homens como uma reputação de bondade.

2. "O bom governo não se apodera tanto do povo, mas sim de boas instruções.

3. "O povo teme um bom governo, enquanto adora uma boa instrução. Um bom governo recebe a riqueza do povo, enquanto uma boa instrução recebe os seus corações.

Capítulo 15.

1. Mencius disse: "A habilidade que os homens possuem sem terem sido adquiridos pela aprendizagem é a habilidade intuitiva, e o conhecimento que possuem sem o exercício do pensamento é o seu conhecimento intuitivo.

2. "As crianças carregadas em armas, todas sabem amar os seus pais, e quando são um pouco mais velhas, todas sabem amar os seus irmãos mais velhos.

3. "O afecto filial pelos pais é o trabalho de benevolência. O respeito pelos mais velhos é o trabalho da justiça. Não há outra razão para estes sentimentos; eles pertencem a todos debaixo do céu.

Capítulo 16.

1. Mencius disse: "Quando Shun vivia no meio das montanhas profundas e isoladas, habitando com as árvores e as rochas, e vagueando entre os veados e os porcos, a diferença entre ele e os habitantes ásperos daquelas colinas remotas parecia muito pequena. Mas quando ouviu uma única palavra boa, ou viu uma única boa acção, foi como um riacho ou um rio a transbordar e a rebentar numa inundação irresistível'.

Capítulo 17.

1. Mencius disse: 'Que um homem não faça o que o seu próprio sentido de justiça lhe diz para não fazer, e que não deseje o que o seu sentido de justiça lhe diz para não desejar; agir assim é tudo o que ele tem de fazer'.

Capítulo 18.

1. Mencius disse: "Os homens que possuem virtude inteligente e prudência nos assuntos encontrar-se-ão geralmente

na doença e nos problemas.

2. "Eles são o ministro sem amigos e o filho da concubina, que mantêm os seus corações sob uma sensação de perigo, e usam precauções profundas contra a calamidade. Por conseguinte, distinguem-se pela sua inteligência.

Capítulo 19.

1. Mencius disse: 'Há pessoas que servem o príncipe; - elas servem o príncipe, isto é, por causa do seu semblante e favor.

2. "Há ministros que procuram a tranquilidade do Estado, e encontram o seu prazer em obter essa tranquilidade.

3. "Há aqueles que são o povo do céu. Eles, julgando que, se estivessem em funções, poderiam realizar os seus princípios, em todo o reino, por isso procederam à sua realização.

4. "Há aqueles que são grandes homens. Eles rectificam-se a si próprios e outros são rectificados".

Capítulo 20.

1. Mencius disse: "O homem superior tem três coisas em que se deleita, e ser o governante do reino não é uma delas.

2. "Que o seu pai e a sua mãe estejam vivos, e que a condição dos seus irmãos não seja motivo de preocupação; isto é um deleite.

3. "Que, olhando para cima, não tem motivo para se envergonhar perante o Céu, e, para baixo, não tem motivo para corar perante os homens; - este é um segundo deleite.

4. "Que ele possa obter de todo o reino os indivíduos mais talentosos, e ensiná-los e alimentá-los; - esta é a terceira delícia.

5. 'O homem superior tem três coisas em que se deleita, e ser o governante do reino não é uma delas'.

Capítulo 21.

1. Mencius disse: "Um vasto território e um povo numeroso são desejados pelo homem superior, mas o que lhe agrada não está aqui.

2. "Estar no centro do reino, e para tranquilizar o povo dentro dos quatro mares;- o homem superior deleita-se com isto, mas o maior prazer da sua natureza não está aqui.

3. O que pela sua natureza pertence ao homem superior, não pode ser aumentado pela extensão da sua esfera de acção, nem diminuído pela sua habitação na pobreza e na reforma; pelo que lhe é determinadamente repartido pelo Céu.

4. "O que pertence por natureza ao homem superior é a benevolência, a rectidão, a propriedade e o conhecimento. Estes estão enraizados no seu coração; o seu crescimento e manifestação são uma harmonia suave que aparece no semblante, uma rica plenitude nas costas e um carácter transmitido aos quatro membros. Estes membros compreendem como se organizam a si próprios, sem serem informados.

Capítulo 22.

1. Mencius disse: 'Po-î, para evitar Châu, estava a habitar na costa do mar do norte quando ouviu falar da ascensão do rei Wan. Acordou e disse: "Porque não devo ir e segui-lo? Ouvi dizer que o chefe do Ocidente sabe bem como alimentar os mais velhos". T'âikung, para evitar Châu, habitava na costa do mar oriental. Quando ouviu falar da ascensão do Rei Wan, disse: "Porque não haveria de ir atrás dele? Ouvi dizer que o chefe se o Ocidente sabe bem como alimentar os mais velhos". Se houvesse um príncipe no reino, que soubesse alimentar bem os anciãos, todos os homens de virtude sentiriam que ele era o objecto adequado para os reunir.

2. À volta da casa com os seus cinco mâu, o espaço debaixo

das paredes foi plantado com amoreiras, com as quais as mulheres alimentavam os bichos-da-seda, e assim os homens velhos podiam ter seda para usar. Cada família tinha cinco galinhas reprodutoras e duas porcas reprodutoras, para que os idosos pudessem ter carne para comer. Os agricultores cultivavam as suas explorações de 100 mâu, e assim as suas famílias de oito bocas estavam seguradas contra a carência.

3. A expressão, "O chefe do Ocidente sabe bem como alimentar os velhos", refere-se ao seu regulamento dos campos e habitações, ensinando-os a plantar a amoreira e a alimentar os animais, e instruindo as esposas e os filhos a alimentarem os mais velhos. Aos cinquenta, o calor não pode ser mantido sem roupa de seda, e aos setenta é necessária carne para satisfazer o apetite. Diz-se que as pessoas que não se mantêm quentes morrem de fome e sede, mas entre o povo do Rei Wan não havia nenhum idoso com fome ou faminto. Este é o significado da expressão em questão".

Capítulo 23.

1. Mencius disse: "Que ele faça com que os seus campos de cereais e cânhamo sejam bem cultivados, e alivie os impostos sobre eles, para que o povo se torne rico.

2. "Que ele faça com que o povo utilize os seus recursos alimentares sazonalmente, e gaste a sua riqueza apenas em cerimónias prescritas: - para que a sua riqueza possa ser mais do que pode ser consumida.

3. "O povo não pode viver sem água e fogo, mas se bater à porta de um homem na escuridão da noite, e pedir água e fogo, não há homem que não lhos dê, tal é a abundância destas coisas. Um homem sábio governa o reino para tornar os vegetais e os cereais tão abundantes como a água e o fogo. Quando os legumes e os cereais são tão abundantes como a água e o fogo, como é que as pessoas não serão virtuosas?

Capítulo 24.

1. Mencius disse: "Confúcio subiu a colina oriental, e Lû pareceu-lhe pequeno. Ele subiu a montanha T'âi, e tudo o que estava debaixo dos céus lhe pareceu pequeno. Assim, aquele que contemplou o mar, tem dificuldade em pensar alguma coisa de outras águas, e aquele que vagueou pela porta do sábio, tem dificuldade em pensar alguma coisa das palavras dos outros.

2. "Há uma arte na contemplação da água - é necessário olhar para ela como espuma nas ondas. Sendo o sol e a lua possuidores de brilho, a sua luz admitida mesmo através de um orifício ilumina.

3. "A água corrente é algo que não avança até ter preenchido as lacunas no seu curso. O aluno que se fixou nas doutrinas do sábio, não avança para elas, mas completando uma lição atrás da outra".

Capítulo 25.

1. Mencius disse: "Aquele que se levanta ao cantar do galo e se dedica seriamente à prática da virtude, é um discípulo de Shun.

2. "Aquele que se levanta ao cantar do galo e se empenha seriamente na busca de giin, é um discípulo de Chih.

3. 'Se queres saber o que separa Shun de Chih, é simplesmente isto: o intervalo entre o pensamento do ganho e o pensamento da virtude'.

Capítulo 26.

1. Mencius disse: "O princípio do filósofo Yang era... "Cada um por si". Embora pudesse ter beneficiado todo o reino ao depenar um único cabelo, não o teria feito.

2. "O filósofo Mo ama todos igualmente. Se ao esfregar gentilmente todo o seu corpo da coroa ao calcanhar pudesse ter beneficiado o reino, tê-lo-ia feito.

3. "Tsze-mo tem um meio termo entre estes. Ao segurar

esse meio, ele está mais próximo da direita. Mas ao segurá-lo sem deixar espaço para a exigência das circunstâncias, torna-se como segurar o seu único ponto.

4. "A razão pela qual detesto agarrar-me a um ponto é o mal que ele faz ao caminho do princípio do direito. Ocupa um ponto e ignora uma centena de outros.

Capítulo 27.

1. Mencius disse: "Os famintos pensam que qualquer comida é doce, e os sedentos pensam o mesmo de qualquer bebida, e por isso não têm o sabor certo do que comem e bebem. A fome e a sede, de facto, ferem o seu paladar. E só a boca e a barriga é que são feridas pela fome e pela sede? As mentes dos homens também são feridas por eles.

2. "Se um homem pode evitar que os males da fome e da sede sejam malignos para a sua mente, não precisa de lamentar que não seja igual a outros homens".

Capítulo 28.

1. Mencius disse: 'Hûi de Liû-Hsiâ não teria trocado o seu firme propósito de vida pelos três mais altos cargos do Estado'.

Capítulo 29.

1. Mencius disse: "Um homem com objectivos definidos a cumprir pode ser comparado a um homem que cava um poço. Cavar o poço até uma profundidade de setenta e dois cúbitos e parar sem chegar à fonte é, afinal de contas, deitar o poço fora.

Capítulo 30.

1. Mencius disse: "Benevolência e retidão eram naturais para Yâo e Shun. T'ang e Wû fizeram deles os seus. Os cinco chefes dos príncipes fingiam-nas.

2. "Tendo-os emprestado durante muito tempo e não os devolvido, como se poderia saber que não os possuíam?

Capítulo 31.

1. Kung-sun Ch'âu disse: 'Î Yin disse: "Não posso ficar parado e vê-lo tão desobediente à razão," e com isso baniu T'â-chiâ a T'ung. O povo estava muito satisfeito. Quando T'â-chiâ se tornou virtuoso, ele trouxe-o de volta e o povo ficou de novo muito satisfeito.

2. "Quando os dignos são ministros, poderão de facto banir os seus soberanos desta forma, quando não são virtuosos?

3. Mencius respondeu: 'Se tiverem o mesmo objectivo que Î Yin, podem. Se não tiverem o mesmo objectivo, seria a usurpação".

Capítulo 32.

1. Kung-sun Ch'âu disse: 'Diz-se, no Livro de Poesia,

"Ele não comerá o pão da ociosidade!"

Como é que vemos homens superiores a comer sem trabalhar", respondeu Mencius: "Quando um homem superior reside num país, se o seu soberano emprega os seus conselhos, ele chega à tranquilidade, riqueza e glória. Se os jovens que lá estão seguem as suas instruções, tornam-se filiais, obedientes aos mais velhos, sinceros e fiéis. Que exemplo maior pode haver do que este de não comer o pão da ociosidade?

Capítulo 33.

1. O filho do rei Tien perguntou a Mencius, dizendo: 'Qual é o trabalho do estudioso desempregado?

2. Mencius respondeu: 'Exaltar o seu objectivo'. 3.

3. Tien perguntou novamente: 'O que queres dizer com exaltar o objectivo?' A resposta foi: 'Simplesmente com base na benevolência e na rectidão. Ele pensa que colocar uma única pessoa inocente à morte é contrário à benevolência; como tomar aquilo a que não se tem direito é contrário à justiça; que a sua

morada deve ser a benevolência; e que o seu caminho deve ser a justiça. Onde mais deve habitar? Que outro caminho deve seguir? Quando a benevolência é a morada do coração e a rectidão o modo de vida, o trabalho de um grande homem é completo.

Capítulo 34.

1. Mencius disse: "Supondo que o reino de Ch'î fosse oferecido, ao contrário da justiça, a Chan Chung, ele não o receberia, e todas as pessoas acreditam nele, como um homem de grande valor. Mas esta é apenas a justiça que declina um prato de arroz ou uma tigela de sopa. Um homem não pode ter maiores crimes do que renegar os seus pais e familiares, e as relações de soberano e ministro, superior e inferior. Como se pode permitir que um homem seja creditado por grandes excelências porque possui uma pequena?

Capítulo 35.

1. T'âo Ying perguntou, dizendo: 'Sendo Shun soberano e Kâo-yâo primeiro-ministro da justiça, se Kû-sâu tivesse assassinado um homem, o que teria sido feito no caso?

2. Mencius disse: "Kâo-yâo tê-lo-ia simplesmente encarcerado".

3. "Mas não teria o Shun proibido tal coisa?

4. "De facto, como poderia Shun tê-lo proibido? Kâo-yâo tinha recebido a lei de uma fonte apropriada' 5. 'Nesse caso, qual era a lei?

5. "Nesse caso, o que teria feito Shun"?

6. "Shun teria considerado abandonar o reino como deitar fora uma sandália gasta. Em privado, ele teria levado o seu pai às costas e ter-se-ia escondido, vivendo algures ao longo da costa. Ali teria estado toda a sua vida, alegre e feliz, esquecendo o reino.

Capítulo 36.

1. Mencius, indo de Fan para Ch'î, viu ao longe o filho do rei de Ch'î, e disse com um suspiro profundo: 'A posição de um altera o ar, tal como a nutrição afecta o corpo. Grande é a influência da posição! Não somos todos filhos de homens a este respeito?

2. Mencius disse: "A residência, as carruagens e os cavalos, e o traje do filho do rei, são na sua maioria os mesmos que os de outros homens. Que assim parece é ocasionado pela sua posição; quanto mais deveria um ar peculiar distingui-lo cuja posição é na casa ampla do mundo!

3. "Quando o príncipe de Lû foi a Sung, bateu à porta de T'ieh-châi, e o tutor disse: "Este não é o nosso príncipe. Como é que a sua voz é tão parecida com a do nosso príncipe?" - "Isto foi ocasionado por nada mais do que a correspondência das suas posições.

Capítulo 37.

1. Mencius disse: "Alimentar um estudioso e não amá-lo é tratá-lo como um porco". Amá-lo e não respeitá-lo é mantê-lo como um animal doméstico.

2. "Honrar e respeitar é o que vem antes de qualquer oferta de presentes.

3. "Se há honra e respeito sem a realidade deles, um homem superior não pode ser retido por tais manifestações vazias".

Capítulo 38.

Mencius disse: "Os órgãos corporais com as suas funções pertencem à nossa natureza conferida pelo Céu. Mas um homem deve ser um sábio antes de poder satisfazer o desenho da sua organização corporal.

Capítulo 39.

1. O rei Hsüan de Ch'î queria encurtar o período de luto. Kung-sun Ch'âu disse: 'Ter um ano inteiro de luto é melhor do que acabar com ele por completo'.

2. Mencius disse: "Isso é como alguém torcer o braço do seu irmão mais velho, e você simplesmente diz, "suavemente, suavemente, por favor". A sua única maneira deveria ser ensinar-lhe tal piedade filial e dever fraterno.

3. Nessa altura, a mãe de um dos filhos do rei tinha morrido, e o seu tutor pediu que lhe fosse permitido observar alguns meses de luto. Kung-sun Ch'âu perguntou: 'O que dizer a isto?

4. Mencius respondeu: "Este é um caso em que a parte deseja completar todo o período, mas acha impossível fazê-lo. A adição de mesmo um único dia é melhor do que não chorar de todo. Falei do caso em que não houve impedimento e a parte negligenciou o assunto em si.

Capítulo 40.

1. Mencius disse: "Há cinco maneiras pelas quais o homem superior afecta o seu ensino.

2. "Há alguns sobre os quais a sua influência descende como a chuva sazonal.

3. "Há alguns cuja virtude ele aperfeiçoa, e outros cujos talentos ele ajuda a desenvolver.

4) "Há algumas perguntas a que ele responde.

5. "Há alguns que cultivam em privado e se corrigem a si próprios.

6. Estas cinco formas são os métodos pelos quais o homem superior afecta o seu ensino".

Capítulo 41.

1. Kung-sun Ch'âu disse: "Os teus princípios são elevados e admiráveis, mas aprendê-los bem pode ser comparado com ascender aos céus, o que é inalcançável. Porque não adaptar os teus ensinamentos para que os estudantes possam considerá-los exequíveis e assim esforçar-se diariamente!

2. Mencius disse: "Um grande artesão, em nome de um trabalhador estúpido, não altera ou remove a linha de marcação. Î não, em nome de um arqueiro estúpido, ele carregou a sua regra apertando o arco.

3. "O homem superior desenha o arco, mas não dispara a flecha, parecendo ter saltado com ela para o alvo; e pára exactamente no meio do caminho. Aqueles que podem, sigam-no".

Capítulo 42.

1. Mencius disse: "Quando os princípios certos prevalecem em todo o reino, os nossos princípios devem aparecer juntamente com a nossa pessoa. Quando os princípios certos desaparecem do reino, a própria pessoa deve desaparecer juntamente com os seus princípios.

2. "Não ouvi dizer que os princípios de um dependem para a sua manifestação de outros homens".

Capítulo 43.

1. O discípulo Kung-tû disse: "Quando Kang of T'ang apareceu na tua escola, pareceu-lhe apropriado que lhe fosse prestada uma consideração cortês, e mesmo assim não lhe respondeste".

2. Mencius respondeu: 'Não respondo àquele que me pede para me vangloriar da sua nobreza, nem àquele que se vangloria dos seus talentos, nem àquele que se vangloria da sua idade, nem àquele que se vangloria dos serviços prestados a mim, nem àquele que se vangloria dos velhos conhecidos Duas destas coisas eram imputáveis a Kang of T'ang.

Capítulo 44.

1. Mencius disse: "Aquele que parar curto onde for reconhecido que não é permitido parar, parará em tudo. Aquele que se comporta mal com aqueles que deve tratar bem, comporta-se mal com todos.

2. "Aquele que avança precipitadamente, retirar-se-á rapidamente".

Capítulo 45.

1. Mencius disse: "Com respeito às criaturas inferiores, o homem superior é bondoso para com elas, mas não amoroso. Com respeito às pessoas em geral, é afectuoso para com elas, mas não afectuoso. É afectuoso para com os seus pais e tem uma disposição amorosa para com as pessoas em geral. Ele tem uma disposição amorosa para com as pessoas em geral e é gentil para com as criaturas inferiores.

Capítulo 46.

1. O sábio abraça todo o conhecimento, mas é mais sincero naquilo que é mais importante. Os benevolentes abraçam tudo no seu amor, mas o que consideram de maior importância é cultivar um sincero afecto pelos virtuosos. Mesmo a sabedoria de Yâo e Shun não se estendeu a todos, mas eles estavam a falar a sério sobre o que era importante. A sua benevolência não se manifestou em actos de bondade para com todos os homens, mas cultivaram com seriedade uma afeição pelos virtuosos.

2. "Não ser capaz de manter o luto de três anos, e ser muito particular sobre o de três meses, ou o de cinco meses; comer imoderadamente e engolir sopa, e ao mesmo tempo perguntar sobre o preceito de não rasgar a carne com os dentes; - tais coisas mostram o que eu chamo uma ignorância do que é mais importante.

3. Mencius disse: "Os sábios abraçam todo o conhecimento, mas são os mais sérios sobre o que é da maior

importância. Os benevolentes abraçam tudo no seu amor, mas o que consideram da maior importância é cultivar uma sincera afeição pelos virtuosos. Mesmo a sabedoria de Yâo e Shun não se estendeu a tudo, mas eles assistiram com seriedade ao que era importante. A sua benevolência não se manifestou em actos de bondade para com todos os homens, mas cultivaram fervorosamente uma afeição pelos virtuosos.

4. "Não ser capaz de manter três anos de luto, e ser muito fastidioso cerca de três meses de luto, ou cinco meses de luto; comer sem moderação, e engolir sopa, e ao mesmo tempo perguntar sobre o preceito de não rasgar a carne com os dentes; tais coisas mostram o que eu chamo uma ignorância do que é mais importante.

Livro 7. Parte 2: Tsin Sin

Capítulo 1.

1. Mencius disse: "O oposto de benevolência era o Rei Hûi de Liang. Os benevolentes, a começar pelo que eles cuidam, seguem para o que eles não cuidam. Aqueles que são o oposto dos benevolentes, a começar pelo que não lhes interessa, procedem ao que lhes interessa".

2. 'Kung-sun Ch'âu disse: 'O que queres dizer? Mencius respondeu: 'O rei Hûi de Liang, para assuntos territoriais, rasgou e destruiu o seu povo, levando-o à guerra. Sofrendo uma grande derrota, e temendo que não conseguissem assegurar a vitória, exortou o seu filho, a quem amava ao ponto de o sacrificar com eles, a lutar. Isto é o que eu chamo "começando com o que não lhes interessa, e continuando com o que lhes interessa.

Capítulo 2.

1. Mencius disse: "Na "Primavera e no Outono" não há guerras justas. De facto, há exemplos de uma guerra ser melhor do que outra.

2. "Correcção" é quando a autoridade suprema pune os seus súbditos com a força das armas. Os estados hostis não se corrigem uns aos outros.

Capítulo 3.

1. Mencius disse: "Seria melhor estar sem o Livro da História do que dar-lhe todo o crédito.

2. "No "Fim da Guerra", selecciono apenas duas ou três passagens, que acredito.

3. ""O homem benevolente não tem inimigo sob o céu. Quando o príncipe mais benevolente se encontrou com aquele que era o mais cruel, como poderia o sangue do povo fluir ao

ponto de flutuar os dos morteiros?"".

Capítulo 4.

1. Mencius disse: "Há homens que dizem: "Sou hábil na organização de tropas, sou hábil na condução de uma batalha" -- Eles são grandes criminosos.

2. "Se o governante de um estado ama a benevolência, não terá inimigos no reino.

3. Quando T'ang estava a executar o seu trabalho de correcção no sul, as tribos rudes do norte murmuraram. Quando o executava no leste, as tribos rudes do oeste murmuravam. O seu grito era: "Porque é que ele torna esta situação difícil"?

4. "Quando o Rei Wû castigou Yin, tinha apenas trezentos carros e três mil soldados.

5. "O rei disse: "Não temais". Deixai-me dar-vos descanso. Não sou inimigo do povo'.

6. "Correcção real" é apenas mais uma palavra para rectificação. Todos os Estados que desejam ser corrigidos, que necessidade há de lutar?

Capítulo 5.

1. Mencius disse: "Um carpinteiro ou um carniceiro pode dar a um homem o círculo e o quadrado, mas não pode torná-lo hábil na sua utilização".

Capítulo 6.

1. Mencius disse: "A forma como Shun comeu o seu grão torrado e as suas ervas foi como se o tivesse de fazer durante toda a sua vida. Quando se tornou soberano, e tinha as vestes bordadas para usar, o alaúde para brincar, e as duas filhas de Yâo para o atender, era como se estas coisas lhe pertencessem por essência".

Capítulo 7.

1. Mencius disse: "A partir deste momento conheço as graves consequências de matar os parentes próximos de um homem. Quando um homem mata o pai de outro, esse outro matará o seu pai; quando um homem mata o irmão mais velho de outro, esse outro matará o seu irmão mais velho. Portanto, ele próprio não faz o acto, mas existe apenas um intervalo entre ele e o acto.

Capítulo 8.

1. Mencius disse: "Antigamente, o estabelecimento de portões fronteiriços era para protecção contra a violência.

2. "Hoje em dia é para exercer violência".

Capítulo 9.

1. Mencius disse: "Se um homem não andar no caminho certo, nem mesmo a sua esposa e filhos o irão andar. Se ele comanda homens de acordo com o que não está certo, não será capaz de obter obediência mesmo da sua esposa e filhos".

Capítulo 10.

1. Mencius disse: "Um ano mau não pode provar a causa da morte daquele cujas reservas de lucro são grandes; um tempo de corrupção não pode confundir aquele cujo equipamento de virtude está completo.

Capítulo 11.

1. Mencius disse: "Um homem que ama a fama pode ser capaz de declinar um estado de mil carruagens; mas se ele não for realmente o homem para fazer tal coisa, será visto no seu semblante, na questão de um prato de arroz ou de uma tigela de sopa".

Capítulo 12.

1. Mencius disse: "Se não se depositar confiança em homens virtuosos e capazes, o Estado tornar-se-á vazio e sem valor.

2. "Sem as regras de propriedade e distinções de direito, o alto e o baixo serão confundidos.

3. "Sem os grandes princípios do governo e das suas várias empresas, não haverá riqueza suficiente para as despesas".

Capítulo 13.

1. Mencius disse: "Há casos de indivíduos sem benevolência, que obtiveram a posse de um único estado, mas não houve nenhum caso em que o trono tenha sido obtido por alguém sem benevolência".

Capítulo 14.

1. Mencius disse: "O povo é o elemento mais importante de uma nação; os espíritos da terra e os cereais são os próximos; o soberano é o mais leve.

2. "Portanto, vencer o campesinato é a maneira de se tornar soberano; vencer o soberano é a maneira de se tornar príncipe de um Estado; vencer o príncipe de um Estado é a maneira de se tornar um grande oficial.

3. "Quando um príncipe põe em perigo os altares dos espíritos da terra e dos cereais, é mudado, e outro é nomeado no seu lugar.

4. Quando as vítimas do sacrifício tiverem sido perfeitas, o painço nos seus vasos todos puros, e os sacrifícios oferecidos no seu devido tempo, se ainda houver seca, ou se as águas transbordarem, os espíritos da terra e dos cereais são mudados, e outros são nomeados em seu lugar".

Capítulo 15.

1. Mencius disse: 'Mencius disse: 'Um sábio é o professor

de cem gerações:-- Isto é verdade para Po-î e Hûi de Liû-Hsiâ. Portanto, quando os homens têm agora o carácter de Po-î, os corruptos tornam-se puros, e os fracos adquirem força. Quando ouvem o carácter de Hûi de Liû-Hsiâ, o mau torna-se generoso, e o mesquinho torna-se liberal. Estes dois distinguiram-se há cem gerações, e depois de cem gerações, aqueles que ouvem falar deles, ficam excitados desta forma. Poderiam tais efeitos ser produzidos se não tivessem sido sensatos? E quanto mais afectaram aqueles que estavam em contiguidade com eles, e sentiram a sua influência inspiradora.

Capítulo 16.

1. Mencius disse: "A benevolência é a característica distintiva do homem. Incorporado na conduta do homem, chama-se "o sentido do dever".

Capítulo 17.

1. Mencius disse: 'Quando Confúcio estava a deixar Lû, ele disse: 'Partirei em breve'; esta era a forma de deixar o estado dos seus pais. Ao sair de Ch'î, espremeu com a mão a água em que o arroz foi enxaguado, pegou no arroz e partiu; esta era a forma de sair de um estado estranho.

Capítulo 18.

1. Mencius disse: "A razão pela qual o homem superior foi reduzido a uma disputa entre Ch'an e Ts'âi foi porque nem os príncipes da época nem os seus ministros simpatizavam com ele ou se comunicavam com ele".

Capítulo 19.

1. Mo Ch'î disse: "Estou longe de qualquer coisa que dependa da boca dos homens".

2. Mencius observou: 'Não há mal nisso'. Os estudiosos são mais susceptíveis do que outros de sofrer com a boca dos homens.

3. "Diz-se, no Livro de Poesia,

"O meu coração está inquieto e de luto,
Sou odiado pela multidão de criaturas más".
Isto poderia ter sido dito por Confúcio. E mais uma vez,
"Embora ele não lhes tenha retirado a ira,
nem deixou cair a sua própria fama.
Isto poderia ser dito do Rei Wan.

Capítulo 20.

1. Mencius disse: "Antigamente, os homens de virtude e talento pela sua própria iluminação iluminava os outros. Hoje em dia, tenta-se, enquanto eles próprios estão na escuridão, e através dessa escuridão, tornar os outros iluminados".

Capítulo 21.

1. Mencius disse ao discípulo Kâo: "Há os caminhos ao longo das colinas; se de repente forem usados, tornam-se estradas; e se, como de repente não forem usados, a erva selvagem os encher. Agora, a erva selvagem enche a sua mente.

Capítulo 22.

Uma observação absurda do discípulo Kâo sobre a música de Yü e do rei Wan.

1. O discípulo Kâo disse: "A música de Yü era melhor do que a do rei Wan".

2. Mencius observou: "Por que razão dizes isso?" e o outro respondeu: "Porque no pivot, o botão dos sinos de Yü está quase gasto".

3. Mencius disse: "Como pode isso ser prova suficiente? As ranhuras no portão de uma cidade são feitas por uma única carruagem de dois cavalos?

Capítulo 23.

1. Quando Ch'î estava a sofrer de fome, Ch'an Tsin disse a Mencius: 'Todo o povo pensa que você, Mestre, vai pedir novamente que o celeiro de T'ang seja aberto a eles. Receio que não o faça uma segunda vez.

2. Mencius disse: "Fazê-lo seria agir como Fang Fû. Havia um homem com esse nome em Tsin, famoso pela sua capacidade de apanhar tigres. Mais tarde tornou-se um reputado estudioso, e uma vez que saiu para o país selvagem, e encontrou pessoas a perseguir um tigre. O tigre refugiou-se num canto de uma colina, onde ninguém ousava atacá-lo, mas quando viram Fang Fû, fugiram e encontraram-no. Fang Fû descobriu imediatamente os seus braços e desceu da carruagem. A multidão estava satisfeita com ele, mas os estudiosos riram-se dele'.

Capítulo 24.

1. Mencius disse: "Para a boca desejar sabores doces, o olho desejar cores bonitas, o ouvido desejar ouvir sons agradáveis, o nariz desejar odores perfumados, e os quatro membros desejar facilidade e descanso; todas estas coisas são naturais. Mas há a designação de Céu em relação ao homem superior, não diz da sua busca: "É a sua natureza".

2. "O exercício do amor entre pai e filho, a observância da justiça entre soberano e ministro, as regras de cerimónia entre convidado e anfitrião, a exibição do conhecimento no reconhecimento dos talentos, e a realização do curso celestial pelo sábio; -- estes são por nomeação do Céu. Mas há uma adaptação da nossa natureza a ela. O homem superior não diz, em referência a eles, "É a nomeação do Céu".

Capítulo 25.

1. Hâo-shang Pû-hâi perguntou, dizendo: 'Que tipo de homem é Yo-chang?' Mencius respondeu: 'Ele é um homem bom, um homem de verdade'. 2.

2. "O que quer dizer com "um bom homem", "um homem

de verdade"?

3. A resposta foi: "Um homem que nos satisfaz na sua acção é o que se chama um bom homem.

4. "Aquele cuja bondade é parte de si mesmo é o que se chama um homem de verdade.

5. "Aquele cuja bondade foi cumprida é o que se chama um homem belo.

6. Aquele cuja completa bondade é brilhantemente exibida é aquele que é chamado um grande homem.

7) "Quando este grande homem exerce uma influência transformadora, ele é o que se chama um sábio.

8 'Quando o sábio está para além do nosso conhecimento, ele é o que se chama um homem espiritual.

9. "I-chang é entre os dois primeiros caracteres e abaixo dos quatro últimos".

Capítulo 26.

1. Mencius disse: "Aqueles que fogem dos erros de Mo voltam-se naturalmente para Yang, e aqueles que fogem dos erros de Yang voltam-se naturalmente para a ortodoxia. Quando mudam, devem ser recebidos imediata e simplesmente.

2. "Aqueles que hoje em dia disputam com os seguidores de Yang e Mo fazem-no como se estivessem a perseguir um porco vadio, cuja perna, depois de ter conseguido que entrasse no curral, prossegue para o amarrar".

Capítulo 27.

1. Mencius disse: "Há as exacções de tecido de cânhamo e seda, de grão e de serviço pessoal. O príncipe requer apenas um destes de cada vez, adiando os outros dois. Se ele precisar de dois de cada vez, então o povo morre à fome. Se ele precisar dos

três ao mesmo tempo, então os pais e os filhos são separados.

Capítulo 28.

1. Mencius disse: "As coisas preciosas de um príncipe são três: o território, o povo, o governo e os seus negócios. Se alguém valoriza as pérolas e o jade como os mais preciosos, a calamidade irá certamente recair sobre ele.

Capítulo 29.

1. tendo Pan-ch'ang Kwo obtido uma posição oficial em Ch'î, Mencius disse: 'Ele é um homem morto, esse Pan-ch'ang Kwo!' Quando Pan-ch'ang Kwo foi executado, os discípulos perguntaram, dizendo: 'Como sabíeis, Mestre, que ele se encontraria com a morte?' Mencius respondeu: 'Ele era um homem que tinha pouca habilidade, mas não tinha aprendido as grandes doutrinas do homem superior. Ele estava qualificado para trazer a morte sobre si mesmo, mas nada mais.

Capítulo 30.

1. quando Mencius foi para T'ang, alojou-se no Palácio Superior. Uma sandália em fabrico tinha sido ali colocada numa janela, e quando o guarda do lugar foi procurá-la, não a encontrou.

2. sobre isto, alguém perguntou a Mencius, dizendo: 'É assim que os teus seguidores roubam?' Mencius respondeu: 'Pensas que eles vieram aqui para roubar a sandália?' O homem disse: 'Não, mas tu, Mestre, tendo arranjado para dar lições, não voltes atrás para investigar o passado, e não rejeites aqueles que vêm ter contigo. Se vierem com a intenção de aprender, recebe-os sem mais delongas".

Capítulo 31.

1. Mencius disse: "Todos os homens têm algumas coisas que não podem suportar; estenda esse sentimento ao que podem suportar, e o resultado será a benevolência. Todos os homens têm algumas coisas que não querem fazer; estenda esse

sentimento às coisas que fazem, e a rectidão será o resultado.

2. "Se um homem pode desenvolver plenamente o sentimento que o faz ter medo de prejudicar os outros, a sua benevolência será mais do que pode pôr em prática. Se ele conseguir desenvolver plenamente o sentimento que se recusa a atravessar ou saltar sobre um muro, a sua rectidão será mais do que pode pôr em prática.

3. "Se ele puder desenvolver plenamente o verdadeiro sentimento de desgosto com que recebe a saudação, 'Tu', ele agirá com justiça em todos os lugares e circunstâncias.

4. "Quando um estudioso fala o que não deve falar, por truque de palavras que procuram ganhar algum fim; e quando não fala o que deve falar, pela astúcia do silêncio que procura ganhar algum fim; ambos os casos são iguais aos de derrubar a parede de um vizinho.

Capítulo 32.

1. Mencius disse: "Palavras que são simples, embora o seu significado seja de grande alcance, são boas palavras. Os princípios que, como se diz, são compêndios, enquanto que a sua aplicação é extensa, são bons princípios. As palavras do homem superior não vão abaixo da cintura, mas grandes princípios estão contidos nelas.

2. "O princípio que sustenta o homem superior é o do cultivo pessoal, mas o reino é assim tranquilizado.

3. "A doença dos homens é esta: que negligenciam os seus próprios campos e vão desbastar os campos dos outros, e que o que exigem dos outros é grande, enquanto que o que põem sobre si próprios é luz.

Capítulo 33.

1. Mencius disse: 'Yâo e Shun eram o que eram por natureza; T'ang e Wû eram voltando à virtude natural.

2. "Quando todos os movimentos, no semblante e em cada volta do corpo, são exactamente o que é próprio, isso mostra o grau extremo de completa virtude. O choro pelos mortos deve ser de verdadeira tristeza, e não pelos vivos. O caminho regular da virtude deve ser seguido sem qualquer curva e sem vista para os emolumentos. As palavras devem ser todas necessariamente sinceras, sem qualquer desejo de fazer o que é correcto.

3. "O homem superior cumpre a lei do direito, e por isso espera simplesmente aquilo que lhe foi atribuído".

Capítulo 34.

1. Mencius disse: "Aqueles que aconselham os grandes devem desprezá-los, e não olhar para a sua pompa e ostentação.

2. "Salões com várias vezes oito côvados de altura, com feixes projectados de vários côvados; estes, se os meus desejos fossem realizados, eu não o teria feito. A comida espalhou-se à minha frente mais de dez cúbitos quadrados, e tratadores e concubinas em número de centenas; estes, embora os meus desejos tenham sido satisfeitos, eu não o teria feito. O prazer e o vinho, e a raça da perseguição, com milhares de carros a seguir-me; - estes, embora os meus desejos fossem satisfeitos, eu não o teria feito. O que eu estimo é aquilo com que eu nada teria a fazer; o que eu estimo são as regras dos antigos. Por que deveria temê-las?

Capítulo 35.

1. Mencius disse: "Para alimentar a mente não há nada melhor do que fazer poucos desejos. Aqui está um homem cujos desejos são poucos: em algumas coisas ele pode não ser capaz de manter o seu coração, mas serão poucos. Aqui está um homem cujos desejos são muitos: em algumas coisas ele pode ser capaz de manter o seu coração, mas eles serão poucos.

Capítulo 36.

1. Mencius disse: "Tsang Hsî gostava de tâmaras de

ovelhas, e o seu filho, o filósofo Tsang, não suportava comer tâmaras de ovelhas".

2. Kung-sun Ch'âu perguntou, dizendo: 'Qual é melhor, carne picada e assada, ou tâmaras de ovelhas?' Mencius disse: 'Carne picada e assada, é claro'. Kung-sun Ch'âu continuou: 'Então porque é que o filósofo Tsang comeu carne picada e assada, e não tâmaras de ovelhas?' Mencius respondeu: 'Para carne picada e assada há um sabor comum, enquanto que para tâmaras de ovelhas era peculiar. Evitamos o nome, mas não evitamos o apelido. O apelido é comum; o nome é peculiar.

Capítulo 37.

1. Wan Chang perguntou, dizendo: "Confúcio, quando estava em Ch'an, disse: "Deixa-me voltar". Os alunos da minha escola são ambiciosos, mas apressados. Eles lutam para avançar e alcançar o seu objectivo, mas não podem esquecer os seus primeiros passos". Porque é que Confúcio, quando estava em Ch'an, pensou nos ambiciosos de Lû?'".

2. Mencius respondeu: "Confúcio, não conseguindo que os homens procurassem os verdadeiros meios, a quem pudesse comunicar as suas instruções, decidiu tomar o ardente e o cautelosamente determinado. O ardente avançaria para apreender o seu objecto; o cautelosamente determinado manter-se-ia afastado de certas coisas. Não se deve pensar que Confúcio não desejava que os homens procurassem os verdadeiros meios, mas não podendo ter a certeza de os encontrar, pensou na classe seguinte.

3. "Atrevo-me a perguntar que tipo de homens eram aqueles que poderiam ser chamados "Os ambiciosos"".

4. "Tais", respondeu Mencius, "como Ch'in Chang, Tsang Hsî e Mû P'ei, eram aqueles a quem Confúcio chamou "ambiciosos".

5. "Porque foram chamados "ambiciosos"?

6. A resposta foi: "O seu objectivo levou-os a falar de uma forma grandiloquente, dizendo: "Os antigos!" "Os antigos! Mas as suas acções, onde justamente as comparamos com as suas palavras, não corresponderam a elas.

7. "Quando descobriu também que não conseguia obter aqueles que eram tão ambiciosos, queria obter estudiosos que considerassem qualquer coisa impura abaixo deles. Estas foram as cautelosamente determinadas, uma aula ao lado das primeiras.

8. Chang continuou o seu interrogatório: "Confúcio disse: "Só o bom povo das aldeias é que não sinto indignação quando eles passam pela minha porta sem entrar em minha casa. Os vossos cuidadosos e bons habitantes das aldeias são os ladrões da virtude". Que tipo de pessoas podiam ser chamadas "o vosso povo bom e cuidadoso das aldeias"?

9. Mencius respondeu: "São eles que dizem: "Porque são tão grandiloquentes? As suas palavras não respeitam os seus actos e os seus actos não respeitam as suas palavras, mas dizem: "Os anciãos! Os antigos! Porque é que agem de forma tão peculiar e são tão frios e desinteressados? Nascidos nesta era, devemos ser desta idade, ser bons é tudo o que é necessário". Como os eunucos, lisonjeando a sua geração;-- assim são os seus bons homens que cuidam dos povos".

10. Wan Chang disse: "Toda a sua aldeia copia o estilo daqueles homens bons e cuidadosos. Em toda a sua conduta são. Como é que Confúcio os considerou os ladrões da virtude?

11. Mencius respondeu: "Se os queres culpar, não tens nada a alegar. Se quiser criticá-los, não tem nada a criticar. Estão de acordo com os costumes actuais. Estão de acordo com uma idade impura. Os seus princípios têm uma aparência de retidão de coração e de verdade. A sua conduta tem uma aparência de altruísmo e pureza. Todos os homens estão satisfeitos com eles, e acreditam estar certos, de modo que é impossível prosseguir com eles nos princípios de Yâo e Shun. Neste sentido, são chamados "Os ladrões da virtude".

12. Confúcio disse: "Odeio uma aparência que não é a realidade. Detesto o joio, para que não sejam confundidos com milho. Odeio palavreado, para não ser confundido com retidão. Detesto a nitidez da língua, para não ser confundida com sinceridade. Odeio a música de Chang, para que não seja confundida com música verdadeira. Odeio o azul avermelhado, para que não seja confundido com vermelhão. Odeio os homens bons e cuidadosos das aldeias, para que não sejam confundidos com os verdadeiros virtuosos".

13. O homem superior procura simplesmente restaurar o padrão imutável, e, estando isto certo, as massas são despertadas para a virtude. Quando são assim despertadas, as perversidades desaparecem imediatamente e o mal removido desaparece".

Capítulo 38.

1. Mencius disse: "De Yâo e Shun a T'ang 500 anos e mais decorridos. Quanto a Yu e Kâo Yâo, eles viram aqueles primeiros sábios, e assim conheciam as suas doutrinas, enquanto T'ang ouvia as suas doutrinas à medida que eram transmitidas, e assim as conhecia.

2. "De T'ang ao rei Wan 500 anos e mais decorridos. Quanto a Î Yin, e Lâi Chû, eles viram T'ang e conheceram as suas doutrinas, enquanto o rei Wan as transmitia, e assim os conheciam.

3. Do Rei Wan a Confúcio, 500 anos e mais passaram. Quanto a T'âikung Wang e San Î-shang, eles viram Wan, e assim conheciam as suas doutrinas, enquanto Confúcio as ouvia à medida que eram transmitidas, e assim as conhecia.

4. "Desde Confúcio até agora, apenas decorreram pouco mais de 100 anos. A distância no tempo desde o sábio até ao nosso próprio dia está muito longe de ser remota, e por isso estamos tão perto do que era a residência do mestre. Nestas circunstâncias, não há ninguém para transmitir as suas doutrinas? Sim, não há ninguém para o fazer".

BIBLIOGRAFIA

Bergua. J. (1969) Confucio y Mencio. *Los libros canónicos chinos*. Colección Tesoro Literario número. 20. Clásicos Bergua – Madrid. (España).

Botton, F. (1969). *Mencio: sobre la naturaleza humana.* Estudios orientales. México. IV: 3 (1969).

Creel-Herrle. (1953), *El pensamiento chino desde Confucio hasta Mao Tze Tung.* Edit. Alianza, Madrid.1953.

Confucio; (1998). *Los cuatro libros de la sabiduría.* Edicomunicación S.A., España, 1998.

Confucio. (2014). *Los cuatro libros.* (Traducción y notas de J. Arroyo). PAIDÓS, Barcelona (2014).

Confucio (1997). *Analectas* (traducción, edición y notas A. Suárez), Madrid: Kairós.

Cheng, Chung-Ying (2011). *New Confucianism as a Philosophy of Humanity and Governance.* Journal of Chinese Philosophy, No. 38.

Doval, G. (2011). *Breve historia de la china milenaria*, Madrid, Nautilus.

Eno, R. (2015). *Analects of Confucius.*
http://www.indiana.edu/~p374/Analects_of_Confucius_(Eno-2015).

Eno, R. (2016). *Mencius An Online Teaching Translation.* Version 1.0 . May 2016. Open access to this translation, without charge, is provided at:
http://hdl.handle.net/2022/23421

Galvany A. (2003). *Estudio preliminar de un manuscrito taoísta hallado en China*. Tai Yi Sheng Shui. Asociación Española de Orientalistas, XXXIX (2003) 257-269.

Giles, L. (1949). The book of Mencius. Wisdom of the East. (1949)

Giles, L. (1960). *The Chinesse Classics. The works of Mencius.* Hong Kong University press (1960).

Goldin, P. *Confucius and His Disciples in the Lunyu: The Basis for the Traditional View.* https://ealc.sas.upenn.edu/sites/default/files/bio/%5Buser-raw%5D/papers/Confucius%20and%20His%20Disciples%20in%20the%20Lunyu.pdfDisciples

Guirao, P. (1927). *El evangelio de Confucio (Analectas de Confucio)*. Barcelona, 1927.

Lao Zi (1981). El libro del Tao, Alfaguara, Madrid. 1981.

Lau, D. C. (1979). *Lún Yu, Confucius, The Analects.* Harmondsworth. Penguin Books. London1979.

Lau, D. C. (1970). *Mencius*. London: Penguin. Translated with an Introduction by D. C. Lau.

Legge, J. *The Chinese Classics (Confucian Analects)*. Proyecto Gütemberg. http://www.gutenberg.org/dirs/etext02/cnfcs10.txt.

Legge, J. (1895). *The Mencius*. Reimpresión. Global Grey 1918.

Legge. J. *The Analects (Lun Yu).* English translation: James Legge. Source: www.ctext.org Edited by Cambridge Chinese Classics www.camcc.org

Levi, J. (2005). *Confucio*. Madrid: Trotta. Traducción de A. Galvany.

López, C y R. Rouco. (2017). *El código ético y moral de Confucio.* Amazons KDP Publishing, mayo de 2017. ISBN: 978-1790217076

López, C. y R. Rouco. (2017). *Esencia de las Analectas de Confucio.* Amazons KDP Publishing, junio de 2020. ISBN: 979-86549344338.

López, C. y R. Rouco. (2021). *La doctrina moral de Confucio.* Amazons KDP Publishing, Mayo de 2021. ISBN-13: 979-8505986882

López, C. y R. Rouco. (2020*). Tchung-Yung. La doctrina del medio.* Amazons KDP Publishing, noviembre de 2020. ISBN: 979-8559861784

López, C. y R. Rouco. (2019*).Clásicos Chinos. Analectas.* Amazons KDP Publishing, julio de 2020. ISBN: 979-8666163498.

López, G. (2018). *Los orígenes de la moral en Mencio y en Hume. Un ensayo de filosofía comparada.* ÉNDOXA: Series Filosóficas, n.o 42, 2018, pp. 159 -181. UNED, Madrid

Preciado, I. (1978). *El Libro Del Tao.* Alfaguara. (Traducción directa del chino de las versiones tardías).

Rosemberg, M. (1982*). Confucio, las Analectas según las versiones inglesas del Dr. Legge y el profesor Hostil.* Gráficas Porvenir. Barcelona, 1982.

Rousseau, J (1985)). *Del contrato social. Discursos.* Madrid: Alianza.

Shu, F. (2009). *A Study on James Legge's English Translation of Lun Yu.* Canadian Social Science ISSN 1712-8056 Vol.5 No.6 2009 Canadian Academy of Oriental and Occidental Culture

Shun, K. (2010). "*Mencius*", Enciclopedia de filosofía de Stanford (edición de invierno 2010). https://plato.stanford.edu/archives/win2010/entries/mencius/

Slingerland, E. (2000). *Review on the original analects by E. Bruce Brooks and A. Taeko Brooks*. Philosophy East and West, 50(1), 137-141

Soothill, W. (1910). *The analects of Confucius*. Printed by the Fukuin Printing Company, Ld., Yokohama 1910. (The library of Victoria University, Toronto).

Stratern, P. (2016). *Confucio en 90 minutos*. Librería Virtual ESPA. PDF. (2016).

Waley, A. (1938). (trad.) *The Analects of Confucius*. London Allen and Unwin. 1938.

Waley A. (1989). *The Analects, [Lun Yu Lun yü] attrib. to Confucius,* trans. Arthur Waley, (New York: Macmillan, 1938; repr. Vintage, 1989), this version available on the Internet, via World Wide Web at gopher://gopher.vt.edu:10010/11/66/1

Wilhelm, R. (2009). *Tao Te King*. Barcelona: Editorial Sirio, Barcelona 2009.

Zhang, Tong, y Schwartz, Barry (1997), *Confucius and the Cultural Revolution*: A Study in Collective Memory, International Journal of Politics, Culture and Society, 11(2), pp. 189-211.

Zhao Zhenjiang (2014). *Confucio. Ética y Civilización*. Revista Co-herencia. V. 10 No. 20. Enero-junio 2014. Medellín, Colombia.

www.ingramcontent.com/pod-product-compliance
Lightning Source LLC
Chambersburg PA
CBHW060559120726
48002CB00010B/2738